Hypersensible et bien dans ma peau

SUSANNE **MOEBERG**

PRÉFACE D'**ÉLODIE CRÉPEL**, MAÎTRE EN PSYCHANALYSE

Hypersensible et bien dans ma peau

LE DÉFI DE LA HAUTE SENSIBILITÉ

Traduit de l'allemand par Nina Prinzhorn

Jouvence poche

Dans la même collection aux Éditions Jouvence :

La Voix de la connaissance, don Miguel Ruiz,
en collaboration avec Janet Mills
Être en pleine conscience, Osho
Dépendance affective : se reconstruire, Eva Arkady
Victime, bourreau ou sauveur : comment sortir du piège ?
Christelle Petitcollin

Éditions Jouvence
France : BP 90107 – 74161 Saint-Julien-en-Genevois Cedex
Suisse : Route de Florissant, 97 – 1206 Genève
Site Internet : www.editions-jouvence.com
E-mail : info@editions-jouvence.com
Catalogue gratuit sur simple demande

Titre original : *Ja, ich spüre mehr !*

ISBN : 978-2-88953-331-2

Traduit de l'allemand par Nina Prinzhorn
Illustration de couverture : Victoria Roussel
Mise en pages : Nord Compo
Couverture : Éditions Jouvence

Sommaire

Préface

L'hypersensibilité est un sujet important, un peu trop à la mode pour certains, dans l'air du temps pour d'autres. Il n'est donc pas aisé d'en parler et d'être au plus juste. Ici, dans ce livre, Susanne Moeberg en parle avec une grande humilité et avec beaucoup de bienveillance ; et c'est ce dont nous avons besoin dans ce domaine d'expertise. Car oui, l'hypersensibilité est un sujet qui demande de la rigueur et une véritable recherche scientifique pour démêler le vrai du faux. C'est un sujet qui se démocratise de plus en plus et c'est essentiel si l'on veut qu'il puisse mettre en mots les maux de certains. Mais il faut le faire avec délicatesse tant les recherches sont nouvelles. Susanne Moeberg a mené, dans l'écriture de son livre, une véritable exploration de la thématique en s'appuyant sur des études concrètes et notamment celles d'Elaine Aron (une référence dans le domaine depuis trente ans), et je suis agréablement surprise de voir qu'elle reste toujours à distance de tout jugement hâtif. En effet, rien n'est jamais tout noir ou tout blanc quand on parle des sciences humaines.

L'humain, dans toute sa splendeur, est fait de contradictions, d'incompréhensions et de dissonances, que cela soit conscient ou inconscient.

Il n'existera donc jamais une seule vérité qui pourrait englober toutes les personnes. Chacun de nous est unique, avec sa sensibilité propre et, bien que l'hypersensibilité concernerait 20 à 30 % de la population (selon ce que l'on prend en considération), il n'existe pas deux hypersensibles identiques. Telles nos empreintes digitales, notre sensibilité est totalement singulière, et en lien avec divers facteurs : biogénétiques, épigénétiques, environnementaux, éducatifs, etc. Elle évolue également au fil de la vie, et nous permet de coudre nos propres habits teintés d'expériences plus ou moins heureuses et de rencontres plus ou moins hasardeuses.

Certains trouveront alors du repos dans le syndrome du caméléon (le fait de se suradapter pour se fondre dans la masse), d'autres préféreront assumer, quitte à encaisser inlassablement les critiques composées de superlatifs (« tu es trop ceci, trop cela »). Notre sensibilité se colore donc au cours de notre existence, selon nos expériences et nos rencontres, parfois elle sera mal vécue, parfois on y verra une chance. Mais l'essentiel, c'est de comprendre, sans pression aucune, qu'aujourd'hui la sensibilité est une force. Par ailleurs, les scientifiques s'accordent dorénavant à parler de « haut potentiel sensible », une belle manière de mettre enfin la sensibilité à l'honneur.

C'est donc avec tout cet enthousiasme et cet amour de la sensibilité que Susanne Moeberg nous propose dans cet ouvrage des astuces et des situations concrètes pour nous habiller d'une sensibilité belle, puissante et rassurante. Lors de votre lecture, vous aurez à cœur de vous comprendre, de vous assumer et de vous aimer tel que vous êtes, voilà un si beau cadeau à faire ou à se faire.

Et le titre en dit long sur ce qui vous attend : vous sentir bien dans votre peau. Cette peau qui a dû en voir et en sentir des choses durant toutes ces années. La peau, cette si fine protection poreuse qui se confronte chaque jour au monde, aurait certainement bien des choses à raconter, si elle pouvait parler. Elle dirait assurément qu'en une journée elle a vécu mille vies de frissons, de sensations, de douleurs et d'extase, tout cela à la fois. Car l'hypersensibilité, c'est avant tout avoir les sensations décuplées, comme si tout nous traversait : c'est ressentir le cœur du monde en soi et pour soi.

Ainsi, ce n'est pas toujours facile de vivre au quotidien son hypersensibilité et donc d'être bien à la fois dans sa vie et dans son corps, étant donné toutes ces sollicitations émotionnelles et hyperesthésiques.

Mais nous voilà dans une nouvelle ère : une ère mondiale où l'hyposensibilité n'a plus sa place et où l'année 2021 amène avec elle l'envie de prendre soin de soi, de s'écouter et de lever enfin le voile sur ses émotions. Après tout ce que le monde a vécu, il a encore plus besoin aujourd'hui qu'on l'écoute et que l'on accueille sa sensibilité. Et je suis, au fond de moi, totalement persuadée que nous, hypersensibles, avons un grand rôle à jouer. Mais pour prendre place, pour prendre notre place et pour donner le meilleur de soi, il faut avant tout prendre soin de soi, et être bien dans sa peau. Merci donc à Susanne Moeberg pour cet ouvrage qui, je le pense sincèrement, vous permettra de révéler tout votre beau et incroyable potentiel sensible.

Élodie Crépel
Maître en psychanalyse spécialisé dans la douance et l'hypersensibilité
Médiatrice familiale, codirigeante de l'Observatoire de la sensibilité

Soyez le bienvenu !

Je me souviens du jour où j'ai lu pour la première fois un article portant sur le trait de caractère « hypersensible ». J'ai ressenti la merveilleuse impression de me reconnaître et de trouver une paix intérieure. C'était comme si j'avais été privée de moi-même pendant de nombreuses années et que je venais enfin de découvrir la personne que je suis quand je suis simplement moi-même.

Apprendre l'existence de ce trait de caractère me soulagea grandement. En même temps, ce ne fut pas toujours simple. Je commençai à prendre conscience de certains schémas inadaptés ancrés en moi et, pour faire attention à moi et à ma sensibilité, je devais procéder à une introspection, apprendre à examiner les choses et à poser de nouvelles limites.

Ce livre entend vous apporter une meilleure compréhension de ce que signifie être une personne hypersensible et des possibilités ou des défis que ce trait de caractère peut impliquer. Vous y trouverez des conseils concrets pour bien gérer votre sensibilité et vous protéger au mieux de la surcharge sensorielle.

L'hypersensibilité offre un grand potentiel et ce livre veut vous motiver à en tirer le meilleur profit – pour vous-même, ainsi que pour les autres.

À QUI CE LIVRE S'ADRESSE-T-IL ?

Hypersensible et bien dans ma peau s'adresse avant tout aux lecteurs qui se reconnaissent dans le trait de caractère « hypersensible ». Il s'adresse également à ceux qui ne sont pas personnellement concernés, mais qui ont envie de comprendre les personnes hypersensibles – par exemple leur partenaire, leur enfant, leurs parents, collègues, clients, patrons, élèves, patients ou voisins…

Ce livre est dédié aux personnes adultes, responsables, qui cherchent une inspiration pour leur développement personnel. Les exercices proposés, pour un grand nombre d'entre eux, ne sont pas adaptés aux personnes souffrant d'un fort déséquilibre psychique ou de troubles psychiatriques. Dans de tels cas, je vous recommande de consulter un spécialiste compétent, comme un psychologue ou un thérapeute. On ne doit pas confondre hypersensibilité et souffrance psychique. L'hypersensibilité n'est pas un diagnostic, mais un trait de caractère qui est décrit en biologie du système nerveux comme une plus grande réceptivité aux stimulations. Mais vous en saurez davantage à la lecture de ce texte.

LE CONTEXTE DE CE LIVRE

Ce livre est basé sur mes observations, ma curiosité psychologique, ainsi que sur mes expériences privées et professionnelles. Je n'ai pas fait d'études scientifiques à ce sujet, mais je me suis intéressée aux découvertes, j'ai lu avec curiosité les résultats des recherches existantes et j'ai interrogé d'autres personnes au sujet de leurs expériences.

Je suis moi-même hypersensible et je travaille depuis plus de vingt ans dans le domaine du développement personnel. En tant que pédagogue, j'ai acquis une expérience en psychiatrie. J'exerce une activité de conseillère à travers mes formations, mes conférences, mes entretiens de coaching et mes livres. Je suis une formatrice qualifiée et non une thérapeute : je ne focalise donc pas sur la découverte du pourquoi, mais plutôt sur la recherche de réponses aux interrogations suivantes :

Qui suis-je en ce moment ? Qui voudrais-je être à l'avenir ? Que pourrais-je faire pour y arriver ?

CE QUI ME TIENT À CŒUR

Informer les gens sur l'hypersensibilité me tient très à cœur. Ce trait de caractère comporte un tel potentiel créatif et intuitif, de telles qualités d'empathie et de bienveillance dont le monde a besoin. Mais si nous ne savons pas utiliser cette sensibilité dans de bonnes conditions et nous protéger de la surstimulation sensorielle, nous finissons épuisés, nous perdons notre joie, notre humour et notre énergie.

Tout commence par la connaissance de soi. Il s'agit de se comprendre soi-même, d'apprendre, de gérer les défis et de profiter du côté positif que cette hypersensibilité apporte.

EXPRIMEZ-VOUS AVEC PRÉCISION

Dans ce livre, vous tomberez sur une série de questions auxquelles je vous demanderai de répondre en cours de lecture, ainsi que sur des exercices que vous pourrez faire. Avant de commencer, je souhaite souligner l'importance des réponses précises.

La plupart des gens ont tendance à penser et à s'exprimer de manière générale, ce qui peut conduire à des malentendus. Laissez-moi vous donner un exemple.

Je voudrais vous parler d'un *chien*. Quelle est la probabilité que nous pensions tous deux au même chien ? Pas très élevée, je dirais. Un *chien* est quelque chose de général. Je pourrais généraliser davantage en parlant d'*un animal* ou d'*un être vivant*. Parler ainsi est extrêmement propice aux malentendus, car si on évoque juste *un être vivant*, vous ne penserez pas au même chien que moi.

Je peux m'exprimer de manière plus précise en parlant d'*un chien marron et blanc à poil long*. Nous approchons, mais ce n'est pas encore assez précis – nous pensons vraisemblablement à deux chiens différents, tous deux à poil long marron et blanc. Je deviens encore plus précise en parlant d'un *colley à poil long*, et si je dis l*e colley à poil long nommé Lassie dans la série éponyme*, et que vous connaissez Lassie, nous avons le même chien en tête. En matière de communication, il est essentiel de s'exprimer avec précision, afin que tout le monde comprenne de quoi on parle. Personne ne sera obligé de deviner et vous ne serez pas mal compris. Si, en plus, vous pensez de manière précise, les choses que vous pouvez mettre en place pour atteindre votre but deviennent plus claires. Imaginons que vous pensez : *J'ai envie d'aller davantage dans la nature*, c'est un constat général, qui devient plus général encore si vous dites : *J'ai envie de me faire du bien*. Qu'est-ce que cela vous évoque ? Personnellement, je pense alors à du délicieux nougat – ou plus raisonnablement à la méditation et au sport. Mais si vous précisez : *J'ai envie de me promener trois fois par semaine dans la forêt, chaque lundi, chaque mercredi et chaque vendredi après le travail avant le dîner*, vous savez comment atteindre votre objectif et, quand vous ne faites *pas* ce que vous aviez prévu, vous vous en rendez compte à l'instant même. Vous avez alors la possibilité de vous prendre en main, ou bien de laisser tomber si vous constatez que vous n'arrivez pas à suivre votre projet. La cohérence entre ce que vous pensez, dites ou faites renforce l'énergie et l'estime de soi.

QU'EST-CE QUE JE VEUX ?

À propos d'estime de soi, dans mes entretiens de coaching, j'ai rencontré des clients qui souffraient d'un complexe d'infériorité et qui voulaient renforcer leur estime de soi. L'*estime de soi* est un terme très général. Il peut y avoir une grande différence entre votre définition de ce mot et la mienne, ainsi que divers avis sur la manière d'acquérir l'estime de soi.

Si nous ignorons ce que nous cherchons, comment pourrions-nous savoir comment y arriver ? Beaucoup de gens savent mieux ce qu'ils ne veulent pas que ce qu'ils veulent. C'est comme dire au guichet d'une gare : « Un billet s'il vous plaît, mais je ne sais pas pour quelle destination. Je ne voudrais en aucun cas aller à Francfort ou à Passau. » Comment voulez-vous arriver à une destination,
si vous ne la connaissez pas ?

Les pensées générales sont fatigantes et ne mènent nulle part. La frustration et les sentiments déplaisants émanent souvent de pensées et d'actions floues. Un des outils de base de mon travail de coach, et qui constitue également un outil important pour mes clients, est de poser des questions à même d'approfondir et de clarifier les pensées. Je pousse ainsi les gens à formuler leurs désirs et leurs objectifs le plus *précisément* possible. Si nous savons ce que nous voulons et comment l'atteindre, nos yeux s'allument et notre cœur se remplit de joie.

Dans ce livre, je pose une série de questions et je propose des exercices. Pensez à Lassie lorsque je vous demande de vous exprimer précisément.

Chapitre 1

Comprendre l'hypersensibilité : porter un nouveau regard sur ce trait de caractère

Dans ce chapitre, vous apprendrez :

➥ comment naît cette manière particulière de traiter un stimulus, et quelles en sont les conséquences ;

➥ à évaluer vous-même votre sensibilité grâce à un autotest ;

➥ à faire les premiers pas vers l'acceptation et la prise en charge de vous-même.

QU'EST-CE QUE L'HYPERSENSIBILITÉ

Les origines de l'hypersensibilité se trouvent dans les différences biologiques du système nerveux humain. Le système nerveux des personnes hypersensibles est plus délicat, leur cerveau reçoit et traite les sensations et les stimulations de manière plus nuancée et détaillée. Les impressions sont accueillies avec une plus grande intensité et sont donc vécues plus profondément que par des personnes non hypersensibles. Ce qui veut dire que nous sommes attentifs à des impressions, des sensations et des ambiances que d'autres ne remarqueront peut-être même pas. Et nous pouvons être amenés à croire que nous ressentons ou voyons ce que d'autres ne voient pas, ou bien penser à tort que nous comprenons le monde de travers ; il est possible que nous nous sentions « de travers » ou différents. Cette impression nous accompagne parfois depuis l'enfance.

Lorsqu'on est hypersensible, on est moins résistant et plus exposé à être surstimulé, à se sentir épuisé ou stressé. Il en faut tout simplement moins pour que le corps commence à produire des hormones de stress. Ce qui passe chez certains pour une stimulation modérée peut vous irriter au plus haut point. Vous arrivez plus rapidement à ce que l'on appelle le point de verrouillage, où vous n'êtes plus capable de recevoir de stimulus et où vous avez besoin de calme et de solitude.

Ce qui est considéré comme une surstimulation varie selon les individus. Une stimulation, c'est tout ce qui attire votre attention et qui excite votre système nerveux. Vous pensez probablement en priorité à des stimuli extérieurs, mais les stimuli peuvent largement venir de l'intérieur, de votre corps, de vos sentiments, tout comme de vos schémas de pensée ou d'action.

Se comparer à autrui

Il est très courant de se comparer aux autres. Les personnes hypersensibles sont peut-être davantage habitées par la peur de ce que pensent les autres. En essayant d'accomplir la même chose que les autres, ou pour éviter de se sentir non désirés, mauvais ou différents, beaucoup d'hypersensibles ont développé des schémas de pensée, de ressenti ou d'action qui exercent sur eux-mêmes une influence négative. Si l'on ne reconnaît pas, si l'on n'accepte pas son hypersensibilité et les besoins particuliers qui en découlent, on contribue à sa propre surstimulation – et on peut perdre de sa force intérieure et de la tolérance vis-à-vis de son entourage.

Les personnes hypersensibles sont hétéroclites, car l'hypersensibilité s'entremêle avec plein d'autres traits de la personnalité. Les tempéraments peuvent être très différents, de même que notre manière d'agir et de réagir. Il existe également de grandes différences en ce qui concerne les schémas et les processus de défense que chacun a développés pour protéger sa propre sensibilité. Ainsi, les personnes hypersensibles peuvent être autant timides et réservées, qu'ouvertes et énergiques.

Enfin !

La plupart des personnes hypersensibles n'ont pas de doute : elles se reconnaissent dans la description de ce trait de caractère. Beaucoup pleurent lorsqu'elles en prennent connaissance, car pour la première fois elles se sentent regardées et comprises. Elles prennent conscience que, pendant toute leur vie, elles ont dépensé une énergie considérable pour ne pas se sentir défectueuses, différentes ou seules.

Pour elles, l'enfance a pu représenter un grand défi, difficile, solitaire. Peut-être leur a-t-on dit qu'elles étaient trop sensibles, timides, renfermées, chétives, faibles, nerveuses, atypiques – peut-être les a-t-on considérées comme lentes et pas très courageuses, ou alors comme l'exact opposé. Ce n'est pas très agréable à entendre. Il est donc assez courant qu'elles aient fait de gros efforts pour paraître normales – pour essayer d'être comme les autres et de correspondre aux attentes. Elles ont pu alors éprouver un sentiment de honte, de culpabilité, se sentir inadaptées. On a vite mauvaise conscience et on peut tendre à s'isoler. On a vite l'impression d'être ignoré ou négligé.

En tant qu'adulte, on se met la pression et on se reproche des choses du genre : *Je dois vite apprendre ça ! Il faut que je me ressaisisse ! Qu'est-ce qui ne va pas avec moi ? Pourquoi je n'y arrive pas, alors que tous les autres y arrivent ?*

Mais vous pouvez changer votre comportement *vis-à-vis de vous-même*, ainsi que vos *réactions face à votre entourage*. Il s'agit avant tout de comprendre votre trait de caractère, de l'accepter et d'apprendre à gérer les situations qui déclenchent chez vous l'irritation et l'épuisement.

Les personnes hypersensibles ont un grand cœur

C'est une erreur de considérer les personnes hypersensibles uniquement comme des gens particulièrement susceptibles, timides, délicats ou faibles. L'hypersensibilité se caractérise également par un potentiel de qualités extrêmement positives. Les personnes hypersensibles peuvent être très créatives, intuitives, innovatrices et méditatives. Elles ont une capacité exceptionnelle à travailler en

Si vous êtes hypersensible,
vous n'êtes ni bizarre ni inadapté.
Vous n'arrivez simplement pas
à vous maîtriser.
Vous êtes comme vous êtes.

équipe et à instaurer une bonne ambiance. Si elles ont appris à bien gérer leur sensibilité, elles peuvent se montrer très compréhensives et empathiques. Elles peuvent avoir une faculté de concentration et d'approfondissement remarquable, tout comme une forte volonté pour mener à bout ce qui les passionne. Un tel potentiel est certes présent chez tout le monde, mais chez les personnes hypersensibles, il est très développé. Il est très important pour sa conscience et pour sa qualité de vie d'être en adéquation avec son potentiel.

Quand vous découvrez votre hypersensibilité, l'image que vous avez de vous-même risque de changer, et cela peut transformer votre vie. Peut-être avez-vous l'impression que les pièces du puzzle trouvent enfin leur place. Vous prendrez conscience que vous n'êtes pas seul, que tout va bien et qu'il est naturel d'être comme vous êtes.

Le premier pas

La connaissance de soi constitue le point de départ. Le premier pas consiste à accepter votre sensibilité et à la comprendre. Vous constaterez probablement que, pour vous protéger, vous avez développé des comportements qui ne sont pas appropriés. Et peut-être constaterez-vous que beaucoup de ces schémas sont en réalité la cause de votre irritation et de votre épuisement.

C'est pour cette raison que vous devez apprendre à bien gérer votre sensibilité, en commençant par développer des habitudes sensées, poser des limites saines et par prendre des décisions en pleine conscience. Vous devez également apprendre à maîtriser les situations qui déclenchent votre irritation, mais que vous ne pouvez ou ne voulez pas éviter. Prenez en compte s'il vous plaît qu'un tel développement nécessite du temps et de la patience – autant de votre part que de votre entourage. Les gens autour de vous ne comprendront peut-être pas tout de suite votre démarche et ne vous apporteront pas tout le soutien que vous espériez. Ils ont besoin de temps pour assimiler et prendre en considération les développements et les changements que vous traversez.

Le mieux est de considérer votre sensibilité comme n'étant ni positive ni négative. Face à votre hypersensibilité, adoptez un comportement neutre. Elle est ce qu'elle est, elle est comme elle est. Ni juste, ni fausse, ni bonne, ni mauvaise. Seules les circonstances dans lesquelles votre sensibilité se déploie la laisseront paraître comme bonne ou mauvaise.

LE SYSTÈME NERVEUX

L'hypersensibilité est due au fonctionnement du système nerveux.

Notre cerveau compte plus de cent milliards de cellules nerveuses. Chacune d'elles est connectée à dix mille cellules voisines. Une partie de la cellule nerveuse est chargée d'envoyer les signaux électriques à la cellule voisine, tandis qu'une autre partie s'occupe de recevoir les signaux des autres cellules. Les cellules sont séparées par un minuscule espace. À l'aide de substances messagères, appelées les neurotransmetteurs, les signaux électriques se transmettent d'une cellule nerveuse à l'autre.

Chaque pensée, chaque sentiment et chaque impression stimule cette transmission de signaux électriques et d'impulsions d'une cellule à l'autre.

Ces impulsions sont analysées et traitées par le cerveau, puis redirigées par exemple vers les muscles. Les signaux empruntent les trajectoires et investissent les zones nécessaires pour accomplir une action, avoir une pensée ou développer un sentiment. C'est ce qui arrive en ce moment même pendant que vous lisez.

Le cerveau a appris à voir les lettres comme des mots. Certaines parties de votre cerveau œuvrent à ce que vous compreniez ce que vous lisez, tandis que d'autres zones interprètent ce que vous avez déjà compris, le relaient et font en sorte que vous gardiez en mémoire ce que vous avez envie de retenir. Vos yeux suivent les lignes, vos mains tournent les pages ou vous grattent le bras. Peut-être avez-vous mauvaise conscience, parce que vous pensez que vous devriez faire autre chose plutôt que de rester assis à lire. Peut-être êtes-vous inquiet ou vous réjouissez-vous de ce que vous ferez le soir. Peut-être constatez-vous que vous avez soif et votre main saisit-elle la tasse de thé.

Les impressions : comment ça marche ?

On assiste d'abord à une influence physique ou intuitive sous la forme d'une sensation. Puis s'ensuit une série d'influences physiologiques qui sont transformées en informations par impulsions nerveuses. Pour finir, une réaction se produit.

Cet enregistrement de sensations et la transmission de signaux électriques d'une cellule nerveuse à une autre peuvent s'avérer plus intenses chez les personnes hypersensibles. C'est pour cette raison que le cerveau reçoit davantage d'informations et enregistre des nuances plus fines – il doit donc analyser et traiter davantage d'impressions. Ce qui peut être intéressant et stimulant pour certains peut donc au contraire s'avérer écrasant, épuisant et stressant pour une personne hypersensible.

Le seuil à partir duquel une cellule nerveuse réagit à une impulsion est soumis à une variation naturelle. Vous ne pouvez rien y changer – votre système nerveux fonctionne ainsi. Vous ne pouvez pas maîtriser ce seuil et fonctionner comme quelqu'un d'autre. Mais vous pouvez changer votre comportement face à votre sensibilité : la manière dont vous la gérez, dont vous analysez et traitez les impressions et dont vous pensez et agissez.

ÊTES-VOUS HYPERSENSIBLE ?

La psychologue et auteure américaine Elaine Aron est pionnière en matière de recherche sur l'hypersensibilité. Elle estime qu'environ 15 à 20 % des humains sont hypersensibles, soit une personne sur cinq.

Cela ne veut pas dire que les 80 % restants ne sont pas, ou ne peuvent pas être, des personnes sensibles, empathiques et compatissantes. Cela signifie simplement que 20 % d'humains sont dotés d'une sensibilité exacerbée.

La répartition entre les sexes est équilibrée – les femmes sont aussi hypersensibles que les hommes, les filles que les garçons, les adultes que les enfants.

L'abréviation HSP pour « *Highly Sensitive Person* » s'est imposée suite à la publication du premier livre d'Elaine Aron en 1996, *The Highly Sensitive Person* (USA, Birch Lane Press).

Ce trait de caractère est-il ou non inné ?

Les opinions des psychologues et des neurologues divergent sur l'aspect inné, héréditaire ou environnemental de ce trait de caractère.

Les recherches qu'Elaine Aron mène depuis plusieurs années sont basées sur des centaines de discussions et d'interviews approfondies, sur ses expériences en psychologie clinique, ses formations et ses consultations. Elaine Aron est d'avis que ce trait de caractère est à la fois inné et héréditaire.

Je n'ai pas de certitude sur ce point. En partant de ce que j'ai lu et appris, j'ai tendance à croire qu'il s'agit d'un trait de caractère inné. En tous les cas, j'observe, déjà chez les très jeunes enfants, des différences de solidité et de sensibilité. Quoi qu'il en soit, nous savons que nos traits de caractère peuvent être renforcés ou atténués : par des événements et des enjeux, par la manière dont nous sommes considérés en grandissant, tout comme par la façon dont nous nous comportons vis-à-vis de nous-mêmes dans notre vie d'adulte. Ce qui compte, c'est la façon dont nous nous traitons mutuellement.

Êtes-vous introverti ?

On me demande souvent si être hypersensible revient à être introverti. Être introverti ou extraverti est déterminant pour nos réactions, le genre de communication que nous préférons et notre manière de nous ressourcer.

Les personnes introverties sont plutôt repliées sur elles-mêmes et ont besoin de réfléchir toutes seules. Elles se sentent mieux en petit comité, préfèrent converser avec peu de monde et n'aiment pas discuter de choses superficielles. Elles éprouvent un grand besoin d'intimité et sont tournées vers l'intérieur ; elles ont une vie intérieure riche, dans laquelle elles puisent leur inspiration. Ce n'est pas qu'elles n'apprécient pas la compagnie des autres, mais le contact avec beaucoup de monde les fatigue rapidement et elles rechargent leur batterie quand elles sont seules.

Les personnes extraverties portent leur attention sur le monde extérieur. Elles sont curieuses et aiment être entourées. Parler aux autres les remplit d'énergie et les extravertis s'épuisent vite lorsqu'ils sont livrés à eux-mêmes. L'interaction sociale leur permet de se ressourcer.

Les introvertis et les hypersensibles ont beaucoup de traits communs, mais, selon Elaine Aron, ce n'est pas la même chose. En effet, les personnes hypersensibles (qu'elles soient introverties ou extraverties) ont tendance à l'introversion sociale. Ainsi, on peut à la fois être hypersensible et être extraverti, aimer l'action, avoir envie qu'il se passe quelque chose. Les personnes hypersensibles extraverties ont toutefois tendance à surestimer leur propre force et à atteindre, de fait, avec une étonnante rapidité le point où elles se sentent irritées. Elles ne sont plus capables de recevoir et ressentent le besoin d'une pause ou de s'en aller.

Le défi consiste à identifier
ses propres signaux
et à apprendre à dire stop avant
de manquer d'énergie.

Il y a de grandes différences
d'une personne hypersensible
à une autre – nous sommes loin
d'être identiques.

Nous sommes tous des êtres sociaux avec un besoin de contact. Ce qui importe est de ne pas vous isoler, peu importe que vous soyez introverti ou extraverti, et de faire en sorte d'avoir le contact social qui convient à votre situation du moment.

La plupart des hypersensibles se reconnaissent dès qu'ils entendent parler de ce trait de caractère. D'autres doutent, mais souvent leur curiosité intuitive les pousse à vouloir en savoir plus et à finir peut-être par reconnaître qu'ils sont eux-mêmes hypersensibles.

Le doute vient peut-être du fait que les hypersensibles sont souvent décrits comme des personnes réservées, émotives, renfermées, nerveuses ou timides. Mais détrompez-vous ! Selon mon expérience, elles peuvent développer, pour se protéger, des mécanismes qui sont tout sauf sensibles. Je sais de moi-même que je protège ma sensibilité en ayant du répondant, en me mettant en colère ou en étant exagérément dynamique.

Certains sont réticents à l'idée de classer les gens dans des catégories – comme je le fais lorsque j'affirme que 15 à 20 % de la population est hypersensible. Mais je me le permets, parce que ce procédé favorise la compréhension des différences entre les humains.

Nous classons les gens de toutes les manières : hommes et femmes, adultes et enfants, lève-tôt et couche-tard. La plupart savent s'ils sont plutôt des « hiboux » ou des « alouettes », et ce qu'il en est de leur partenaire ou de leurs enfants. Nous utilisons cette terminologie sans penser que tous les lève-tôt et tous les couche-tard sont identiques.

Je trouve primordial que la connaissance de ce trait de caractère apporte à chacun la compréhension nécessaire pour mener une vie réussie : en apprenant à gérer les désagréments, tout en profitant des avantages que procure l'hypersensibilité.

FAITES LE TEST

Vous pouvez tester ici votre sensibilité. Bien évidemment, il ne faut pas accorder à un test une plus grande valeur qu'il n'en a. Écoutez-vous et sentez si vous vous reconnaissez dans certaines phrases. Parmi les affirmations suivantes, avec lesquelles êtes-vous d'accord ?

- ❍ *1. J'ai l'impression qu'une journée de shopping en ville est plus fatigante pour moi que pour les autres.*
- ❍ *2. Il me semble parfois entendre les choses que les gens ne disent pas à haute voix.*
- ❍ *3. Je suis nettement plus peureux que les autres.*
- ❍ *4. Parfois, le contact avec les autres semble me vider de mon énergie.*
- ❍ *5. Dans mon enfance, j'étais profondément effrayé lorsque le professeur grondait un élève. Je le prenais pour moi, alors que je n'étais pas visé.*
- ❍ *6. J'ai besoin de pas mal de calme et de temps pour mon équilibre.*
- ❍ *7. Lorsqu'il y a des conflits ou des tensions dans l'air, je le ressens presque physiquement, même si je ne suis pas impliqué.*
- ❍ *8. Les humeurs des autres m'influencent beaucoup trop.*
- ❍ *9. Les bruits forts déclenchent chez moi une gêne presque physique.*
- ❍ *10. J'évite les films passionnants ou tristes, parce qu'ils m'affectent trop.*

○ *11. Je tâche d'éviter les grands rassemblements.*

○ *12. Je me sens souvent mal compris et seul, car je perçois visiblement plus de choses que les autres.*

○ *13. Lorsqu'une trop grande agitation règne autour de moi, que trop de stimuli m'assaillent, il m'arrive de m'énerver, de me sentir stressé, de montrer des symptômes, voire de ressentir des douleurs.*

○ *14. Même les petites erreurs ou manquements me marquent durablement.*

○ *15. Je ressens souvent très vivement les besoins des autres.*

16. À l'évidence, la lumière éblouissante me dérange plus que les autres.

○ *17. Je découvre assez vite les défauts des autres et les conflits me tombent littéralement dessus.*

Vos résultats

Si vous avez répondu oui à plus de neuf points, vous êtes probablement hypersensible. Si vous vous trouvez momentanément dans une situation particulièrement difficile, il se peut que vous réagissiez comme quelqu'un d'hypersensible sans l'être pour autant.

Faites l'expérience. Posez-vous les questions suivantes : « Comment était-ce dans le passé ? Dans mon enfance ? » Reprenez point par point : si vous obtenez à nouveau plus de neuf « oui », vous confirmez le premier résultat. (Différents autotests permettent d'évaluer l'hypersensibilité. Celui-ci provient du livre de Rolf Sellin intitulé *Wenn die Haut zu dünn ist, Kösel*, 2011[1].)

Qui êtes-vous ?

Interrompez un instant votre lecture. Pensez un instant à vous-même et réfléchissez.

Dans quels domaines et de quelle manière êtes-vous hypersensible ?

Ça dépend mais la plus part
du temps c'est en famille. Comme
je pleure facilement, je m'énerve
facilement.

Quelles qualités positives et quels défis à relever vous apporte votre hypersensibilité ?

La qualité que j'aime c'est
que je suis emphatique.
Mes défis c'est de mieux le gérer,
d'arrêter de trop penser et
de le mieux confermer.

1. L'auteur a donné son aimable autorisation de reprendre ici la version courte de l'autotest. NDE : L'ouvrage de Rolf Sellin n'a pas été à ce jour traduit en français.

Lesquels aimez-vous ?

L' emphatie

Que souhaiteriez-vous changer ?

Justement mon déséquilibre émotionnel, ça commence à peser.

Chaque personne connaît au moins une personne hypersensible. Qui dans votre entourage est selon vous hypersensible – amis, famille, collèges, élèves, clients, voisins, autres ?

Une personne que je connaissais au collège.

Observez les personnes hypersensibles

Apprenez à connaître davantage le trait de caractère de l'hypersensibilité en observant d'autres personnes, à la télévision par exemple. Devinez lesquelles sont hypersensibles – l'animateur, l'invité, la politicienne, le musicien ou la comédienne.

Faites attention à ce qu'elles disent, ce qui les préoccupe, ce qui les intéresse, ce qui leur tient à cœur.

De quoi ont-elles l'air, quel est leur langage corporel, leur choix des mots, comment parlent-elles avec les autres et que disent-elles sur les autres, comment les traitent-elles ?

Vous découvrirez que vous êtes loin d'être seul.

VOTRE PROFIL SENSIBLE

Autoévaluation

Il s'agit à présent de clarifier votre sensibilité personnelle. Le prochain exercice vous offre une bonne base pour vous comprendre vous-même, vos réactions et vos besoins. Prenez le temps de réfléchir à votre vie et complétez si besoin la liste par d'autres points. Dans quels domaines êtes-vous hypersensible ? Priorisez votre sensibilité dans les domaines suivants sur une échelle de 1 (pas du tout) à 10 (extrêmement fort).

Bruits forts/musique forte 9

Faim 5

Douleur 7

Certains aliments comme le café, l'alcool, le sucre.
Lesquels ? 7

Médecine 1

Fumée et tabac 1

Odeurs/Parfums 1

Lumière	- 9 —
Couleurs	1
Changement de saison	1
Pleine lune	1
Fatigue	10
Affairement	1
Confusion et désordre	10
Pensées – planification, soucis	10
Pensées – illusions, rêves éveillés, imagination	10
Sentiment d'infériorité	6
Insécurité	7
Désaccord	9
Critique	ça dépend ← 7
Environnement fébrile	1
Beaucoup d'informations	4
Beaucoup d'impressions	1

Changements – déménagement, divorce, nouveau job 7

Grandes décisions 9

Ambiances 9

Une bonne intuition de la manière dont les autres se portent 9

Peur de ce que pensent et disent les autres 8

Vos sentiments et ceux des autres – irritation, colère, peur, nervosité, critique, tristesse 10

Vos sentiments et ceux des autres – engagement, enthousiasme, joie, sentiment amoureux 10

Vos revendications, vos attentes et celles des autres 10

Manque de respect de la part d'autrui 10

Quand les humains, les animaux ou la nature ne sont pas traités avec respect 9

→ Les humains

Injustice, maltraitance, guerre, pauvreté, maladie et violence 10

Quand d'autres personnes ne correspondent pas à mes idéaux 3

Réflexions profondes sur la vie et/ou la mort 8

Contact spirituel/expériences spirituelles 10

La combinaison de fatigue et de beaucoup d'impressions/informations 10

La combinaison de fatigue et de bruits intenses/musique forte 4

La combinaison d'affairement et de bruits intenses/musique forte 2

Dans quels autres domaines êtes-vous hypersensible ? Sur une échelle de 1 à 10.

L'ENFANCE ET L'ATTACHEMENT

L'attachement émotionnel pour nos parents, que nous avons développé durant notre enfance, exerce une influence significative sur la manière dont nous gérerons notre sensibilité en tant qu'adultes. D'après les recherches d'Elaine Aron, environ la moitié des nourrissons est élevée par des parents « appropriés » et développe ce qu'on appelle un « attachement sécurisé ». Il est ici question d'enfants qui ont été soutenus dès leur plus jeune âge dans leur démarche vers l'autonomie et la découverte du monde, et qui ont été *sauvés* par leurs parents lorsqu'un *danger se présentait*. Leur hypersensibilité a été gérée dans l'ensemble avec beaucoup de compréhension et ces enfants ont probablement développé un grand nombre des qualités positives qui font partie du trait de caractère hypersensible.

L'attachement non sécurisé

Pour diverses raisons, qui dépendent en règle générale de la façon dont la mère et le père ont vécu leur propre enfance, la première personne de référence peut transmettre des messages qui conduisent à un attachement *non sécurisé*.

1. Une des formes d'attachement non sécurisé se développe quand la personne de référence est très occupée, ou qu'elle est si vulnérable que le nourrisson y est très attaché. L'enfant n'ose

plus expérimenter, devient *peureux*, *soucieux* ou *a peur* de perdre son attachement pour cette personne. En psychologie, on nomme cela la *fusion*.

2. La seconde forme d'attachement non sécurisé se développe si le message adressé à l'enfant implique que la personne de référence est dangereuse, qu'elle doit être évitée ou encore qu'elle préfère que l'enfant ne soit pas un fardeau et aussi dépendant. Dans ce cas, il n'y a pas d'attachement, mais l'enfant développe un schéma d'évitement – que l'on appelle *isolement*.

Il est dans la nature des choses qu'un attachement non sécurisé pour un parent – ou aux deux – a un effet plus prononcé sur les personnes hypersensibles que sur le reste de la population.

L'attachement émotionnel pour nos parents et la manière dont les autres personnes ont géré notre sensibilité exercent une grande influence sur les défis que nous posera cette sensibilité à l'âge adulte.

Ses effets à l'âge adulte

À partir de nos premières expériences en matière d'attachement, nous développons notre idée de ce que nous pouvons attendre de notre entourage proche. Le schéma de l'attachement non sécurisé sera vécu comme une peur essentielle et existentielle, qui influencera notre vie sentimentale. Et même si, à l'âge adulte, il ne s'agit plus de survie, le schéma reste toujours présent – souvent dans notre inconscient. Il a des effets sur notre fonctionnement, dans nos relations et dans notre couple – que nous soyons sûrs de nous, peureux ou évasifs. Si, enfant, vous aviez de l'attachement non sécurisé pour votre personne de référence, il est fort probable que vous n'ayez pas été encouragé à comprendre et à accepter votre sensibilité. Vous n'avez sans doute pas appris à prendre en compte vos besoins particuliers et à les satisfaire. Mais il n'est pas trop tard ! Grâce à la compréhension de vous-même et des autres et avec de la patience et de la sollicitude, vous pouvez transformer votre schéma intérieur.

Vous ne pouvez pas changer votre enfance, mais vous pouvez changer l'art et la manière de l'interpréter et de la comprendre aujourd'hui. Avec de nouvelles connaissances et de nouveaux éclairages, vous pouvez vous voir vous-même – ainsi que les autres – sous une nouvelle lumière.

ÊTRE EN PAIX AVEC SOI-MÊME ET AVEC LES AUTRES

La psychologie s'occupait jadis principalement de personnes malheureuses et des causes de leur malheur. Le but était de les rendre moins malheureuses.

De nos jours, la psychologie positive gagne du terrain. Elle ne questionne pas tant les déficits, les manques et les difficultés, elle s'intéresse plutôt à nos ressources et à ce que nous pouvons faire pour mener une vie de qualité remplie de bonheur et de joie. La psychologie positive s'occupe moins du passé et de ce qui est arrivé pendant l'enfance. Elle regarde vers l'avant, identifie les possibilités pour une vie heureuse et valorise la gratitude, l'acceptation et le pardon.

Le pardon

Peut-être avez-vous été mal compris ou blessé pendant votre enfance, et peut-être avez-vous du mal à laisser tout cela derrière vous. Peut-être pensez-vous que ceux qui vous ont blessé ne méritent aucun pardon. De telles pensées et opinions négatives vous rapetissent, vous pèsent et vous mettent à distance de l'amour et de la joie. Tant que vous refusez de pardonner aux autres ce qu'ils vous ont fait, vous souffrez. Vous perdez votre joie de vivre et avez du mal à éprouver de la gratitude. Avec ces pensées péjoratives et ce désir de vengeance, vous ingurgitez vous-même le poison que vous destiniez à autrui. Vous restez attaché aux pensées et aux sentiments négatifs et vous restez loin de votre être véritable.

Imaginez que vous portez un sac sur votre dos. Ce sac contient tous vos sentiments. Lesquels avez-vous envie de porter pour le reste de votre vie ? La joie, l'amour, la compréhension et la compassion ? Ou choisissez-vous l'amertume, la colère et la haine ? Qui souffrira le plus, si vous décidez de trimballer les sentiments négatifs ? Vous-même ou bien les personnes à qui vous refusez de pardonner ?

Lorsque vous pardonnez, vous faites la paix avec vous-même et avec l'autre.

Le processus du pardon libère
moins autrui qu'il ne vous libère
vous-même des sentiments de colère,
d'amertume et de victimisation.

Ce que pensent les autres

Nous sommes d'habitude influencés par ce que pensent et disent les autres de nous. Nous nous efforçons de faire des choses bien précises dans l'espoir de récolter des réactions positives ou, à l'inverse, nous nous retenons de faire certaines choses par peur de la critique et de réactions négatives. Mon expérience en tant que coach m'a permis de constater toujours et encore que les personnes hypersensibles sont très influencées par les avis des autres.

Nous disposons d'une grande capacité d'empathie et sommes en mesure de ressentir les sentiments, les humeurs et les attentes des autres. J'en suis convaincue. Mais se pose alors la question suivante : interprétons-nous avec justesse ces sentiments, ces humeurs et ces attentes ?

Lorsque, il y a quelques années, j'ai commencé à donner des cours de peinture, je n'étais pas toujours convaincue de la satisfaction des participants. Les cours duraient deux jours et la première journée portait essentiellement sur la concentration pendant le processus de peinture. De retour chez moi, j'étais souvent remplie de doutes, je me demandais si les participants appréciaient mon cours. J'avais l'impression que certains étaient insatisfaits, voire un peu irrités. Lors d'un de ces stages, au cours de la seconde journée, nous avons parlé avec le groupe des images et de ce que chacun avait vécu la veille. Je me suis alors aperçue que mon impression eu égard au mécontentement et à l'irritation de certains participants était juste. En revanche, je m'étais trompée en pensant que leurs sentiments avaient un rapport avec moi. J'avais ressenti leur humeur, que j'avais prise personnellement et donc mal interprétée. (La plupart des participants étaient mécontents d'eux-mêmes et de leurs tableaux.)

Heureusement, j'ai appris à prendre du recul et à ne pas tout prendre personnellement. Cela me donne plus d'assurance aujourd'hui quand je donne des cours ou des conférences.

Demandez-vous si c'est important pour vous

Entre temps, j'ai pris une décision.

Comme je me soucie de ce que les gens pensent de moi, ils doivent me le dire en face ou bien – si je ne suis pas sûre que cela me concerne – je leur pose tout simplement la question. Je m'efforce de formuler la question de la manière la plus précise possible, pour clarifier le point sur lequel j'aimerais obtenir une réponse.

Je suis persuadée que les personnes hypersensibles sont très douées pour ressentir les sentiments et les attentes des autres. Néanmoins, je vous encourage à placer un point d'interrogation derrière votre intuition, si certains facteurs comme les illusions, la peur, la nervosité ou l'infériorité sont impliqués.

Libérez-vous de l'enfermement et de l'influence que l'avis d'autrui fait peser sur vous. Renforcez votre courage et soyez content de la personne que vous êtes par nature.

Délibérément, ne focalisez pas sur ce que peuvent penser les autres et concentrez-vous sur la personne que vous êtes et que vous avez envie d'être.

Soyez content de qui vous êtes

Ma compassion s'éveille réellement quand j'entends des personnes hypersensibles me confier la douleur qui peut naître lorsqu'on se perçoit comme étant inadapté ou différent. Beaucoup d'hypersensibles partagent cette pensée : Qu'est-ce qui ne va pas avec moi ? Je dois me ressaisir. Je dois vite apprendre à être comme les autres.

Cela me fend le cœur d'entendre à quel point nombre d'entre nous se font des reproches et essaient pendant toute leur vie de trouver la bonne manière d'être humains. En recherchant la considération et la compréhension, nous nous efforçons en vain de ressembler à autrui. Lorsque les gens ne se reconnaissent pas en l'autre, ils ont, pour la plupart, tendance à prêter à cet autre un caractère négatif. Nous tendons à croire que les autres nous ressemblent, c'est pourquoi les personnes qui ne sont pas hypersensibles perçoivent celles qui le sont comme susceptibles, timides, nerveuses ou délicates. Elles le sont sans doute, comparativement, mais elles ne se résument pas à ces caractéristiques.

Nous, les humains, sommes tous différents et le monde a besoin de cette différence. Il n'y a rien de plus inspirant que de fréquenter des personnes qui sont elles-mêmes.

« Soyez vous-même.

Les autres sont déjà pris. »

Oscar Wilde

VIVRE EN BONNE INTELLIGENCE AVEC AUTRUI

Trucs et astuces

Voici quelques suggestions qui pourront vous aider au quotidien dans vos relations sociales.

Soyez responsable de vous-même

Vous traitez vraisemblablement les autres d'une certaine façon, pour éviter par exemple de les décevoir ou de les énerver, car *vous-même* seriez déçu ou énervé dans une situation similaire.

Mais il n'est pas du tout certain que les autres éprouvent les mêmes sentiments que vous. Ce présupposé peut créer des malentendus et une mauvaise ambiance, car vos efforts peuvent provoquer chez l'autre des émotions complètement différentes – peut-être de l'irritation parce qu'il aura l'impression que vous êtes dominateur et collant ou trop intrusif.

Identifiez ce qui relève ou non de votre responsabilité

Je me sens très mal à l'aise quand je pense que les autres s'ennuient ou se sentent mal traités. (Et il n'est pas rare que je le pense à tort.)

Je réagis alors souvent machinalement en essayant de leur être agréable, de les consoler ou de les défendre. Si je rencontre des gens très occupés, je dois vraiment faire attention à ne pas intervenir automatiquement et à ne pas proposer mon aide sans réfléchir, alors que je ne suis en rien responsable de leur situation. Dans ces moments, j'oublie tout pour finir par me retrouver dans la situation que je cherche justement à éviter aux autres : cela devient trop pour moi.

N'essayez pas de changer autrui

La vie peut être dure et les gens peuvent vous blesser. Ne prenez pas les choses personnellement ni trop au sérieux. La personne que vous avez en face de vous n'a probablement même pas conscience de vous avoir blessé. Il y a de fortes chances que son comportement soit à mettre sur le compte de l'ignorance et d'un manque de compréhension de la différence.

Ne vous laissez pas entraîner dans des luttes de pouvoir pour amener les autres à vous respecter ou à vous aimer. Les luttes de pouvoir ne sont pas faites pour les hypersensibles. N'attendez pas que le monde et les autres changent : la seule chose que vous pouvez changer, c'est vous-même.

Autorisez-vous à être vous-même

J'essayais jadis d'amener les autres à me comprendre. Tous les autres. Je réalise maintenant qu'une personne sur cinq seulement est susceptible de me comprendre quand je parle d'hypersensibilité.

C'est une libération de savoir et d'accepter que quatre personnes sur cinq ne me comprennent vraisemblablement pas, parce qu'elles ne se reconnaissent pas dans ce que je dis. C'est une libération d'arrêter de croire que c'est moi qui ai fait quelque chose de travers quand tous les autres gens ne me comprennent pas. Cela me donne le calme et le courage d'être simplement moi-même.

***

Un roi se rendit dans son jardin et y trouva les arbres, les buissons et les fleurs secs et mourants. Le chêne lui confia qu'il était à l'agonie, car il ne pouvait pas être aussi haut et grand que le sapin. Lorsque le roi se tourna vers le sapin, il vit que ses branches tombaient tristement, car il était incapable de porter des raisins comme la vigne. La vigne, elle aussi, était en train de périr : elle ne pouvait pas fleurir comme la rose. Le roi découvrit une fleur, resplendissante et plus fraîche que jamais. La rose lui dit :

« Lorsque tu m'as plantée, j'ai pris ton vœu de garder le cœur léger au sérieux. Si tu avais voulu un chêne, un sapin ou une vigne, tu l'aurais planté. Ainsi, ai-je pensé, comme je ne peux être rien d'autre que ce que je suis, j'essaierai de faire au mieux. »

(Conte zen)

EN UN COUP D'ŒIL : VERS UNE MEILLEURE ESTIME DE SOI

1

Ne soyez pas une victime

Faites attention à ne pas vous victimiser à cause de votre hypersensibilité. Les hypersensibles ne sont pas de pauvres créatures fragiles qu'il faut ménager.

2

Entamez un processus de pardon

Lorsque vous êtes en colère contre quelqu'un, parce qu'il vous a blessé dans le passé, rendez-vous à l'évidence qu'accorder le pardon n'a pas pour objectif principal de libérer celui à qui vous pardonnez. Quand vous pardonnez, vous vous libérez des pensées et des postures qui créent un déséquilibre dans votre esprit et qui vous éloignent de l'amour et de la joie.

3

Prenez moins de choses personnellement

Lorsque vous percevez les sentiments, les humeurs et les attentes des autres, rappelez-vous que ceux-ci ne sont pas forcément liés à vous.

4

Occupez-vous moins des avis des autres

Libérez-vous de ce que pensent (peut-être) les autres. Déterminez les valeurs qui importent pour vous et érigez-les en guides pour vos actions.

5

Soyez content d'être vous-même

Vous êtes bien plus que simplement hypersensible, timide, nerveux et frêle. Vous êtes comme vous êtes et vous avez de nombreuses raisons de vous réjouir de la personne que vous êtes. Vous possédez beaucoup de qualités particulièrement positives et agréables, dont le monde a besoin.

6

Faites confiance à votre développement

Vous constaterez que votre estime de soi se renforcera petit à petit, au rythme du processus enclenché, que vous vous retrouverez et que vous reconnaîtrez les talents inhérents à votre hypersensibilité. Les inconvénients passeront à l'arrière-plan et les avantages prendront de plus en plus d'ampleur.

Chapitre 2

Explorer sa propre sensibilité : comment l’émotivité affecte les différentes sphères de la vie

Dans ce chapitre, vous apprendrez :

- ➥ à voir plus clairement pourquoi vous souffrez plus rapidement que d'autres de surcharge sensorielle ;
- ➥ à examiner le déclencheur précis de la surcharge sensorielle ;
- ➥ à comprendre la signification particulière des causes du stress émotionnel ;
- ➥ comment évolue l'hypersensibilité pendant le vieillissement.

LA SURCHARGE SENSORIELLE

Être hypersensible
est autant un don
qu'un devoir.

Le plus grand défi que doivent relever les personnes hypersensibles est qu'elles se sentent plus rapidement à bout de nerfs – elles arrivent plus vite au point où c'en est trop : trop haut, trop rapide, trop bruyant, trop fort.

Lorsqu'elles sont équilibrées, elles s'avèrent souvent empathiques, intuitives, créatives, flexibles et innovatrices. Elles peuvent mettre l'ambiance et briller en équipe. Mais quand elles sont surstimulées, elles deviennent irritables, pète-sec, impatientes et tout sauf compatissantes. Dans ce cas, elles n'ont probablement pas d'énergie pour quelqu'un d'autre qu'elles-mêmes, elles deviennent tristes, niaises et maladroites, ou bien elles ne pensent plus qu'à avoir la paix. Il est possible qu'elles se sentent défectueuses seules, ce qui peut engendrer de la mauvaise conscience ou des sentiments de culpabilité, car elles ne correspondent pas à leurs propres attentes. De plus, elles ont de moins en moins l'impression d'être les personnes qu'elles sont au fond d'elles-mêmes ou qu'elles aimeraient être. Tous ces sentiments négatifs peuvent avoir un effet de surstimulation et les entraîner dans une spirale négative. On doute de soi. En même temps, cet épuisement ressenti suite à une surcharge émotionnelle a des effets sur l'estime de soi.

Trop d'informations

Personne n'aime être surstimulé – peu importe que l'on soit adulte ou enfant, hypersensible ou non. Mais en tant que personne hypersensible, vous êtes davantage prédisposé à vous sentir énervé, laminé ou stressé. Cela peut influencer votre façon de voir la vie au quotidien. La raison en est que votre système nerveux enregistre, accueille et traite beaucoup plus d'informations – y compris des informations qui ne sont pas tangibles et que d'autres ne verront peut-être même pas. Conclusion : vous atteignez plus rapidement un niveau de stimulation auquel vous vous sentez mal. Vous en avez assez, vous avez besoin d'une pause, de calme et de repos. Si vous n'avez pas appris à tenir compte de vos besoins et à vous poser des limites saines, vous vous sentirez irrité et épuisé.

Que vous le vouliez ou non, en tant que personne hypersensible, vous absorbez plus d'informations à gérer. La plupart des gens, en arrivant quelque part, enregistreront au mieux la décoration et les personnes présentes, tandis que les hypersensibles percevront les vibrations positives ou hostiles, ainsi que les humeurs des autres. Les hypersensibles enregistrent les odeurs, les bruits, l'état d'esprit des gens et le leur, tout comme l'atmosphère des conversations.

Imaginez qu'un de vos amis et vous-même, équipés chacun d'une caméra, filmiez la même soirée. La vidéo de votre ami montre ce qui se passe, qui est présent, qui bouge et de quelle façon, et fait entendre ce qui se dit. Votre caméra est réglée sur une autre fréquence, qui enregistre davantage d'informations : ce que pensent les gens, comment ils vont, quel est leur état d'esprit, ce qu'ils ressentent, ce qu'ils attendent, de quelle manière ils interagissent – avec gentillesse ou avec animosité. Les bruits sont amplifiés, les températures et les odeurs sont prises en compte. Votre caméra saisit non seulement les événements, mais aussi vos propres sentiments. Votre film comprend donc beaucoup plus d'informations. Lorsque vous passerez ensuite la soirée en revue avec votre ami, sans les deux vidéos pour en témoigner, vous ne pourriez sans doute pas comprendre à quel point vos vécus d'un seul et même événement diffèrent.

Lorsque mon mari Stéphane et moi-même sortons, je rentre souvent exténuée. Quant à Stéphane, il n'est pas fatigué et a du mal à comprendre mon état. Il me dit : *Tu n'as fait que discuter pendant tout ce temps, et tu étais confortablement installée.* Il a raison, mais cela peut s'avérer épuisant pour moi.

QU'EST-CE QUI VOUS SURSTIMULE ?

Ce qui nous met en état de surstimulation varie selon les individus. Pour déterminer ce que nous devrions éviter pour nous protéger, nous pourrions être tentés de prendre en considération uniquement notre entourage, ou bien les autres personnes. Mais l'entourage seul ne suffit pas. Il est normal de se comparer à d'autres personnes. Pour accomplir la même chose que d'autres, ou pour ne pas se sentir indésirables, défectueux ou différents, beaucoup d'hypersensibles ont développé des habitudes, des réactions, des mécanismes de protection, des pensées ou des sentiments qui ont des effets surstimulants sur eux-mêmes.

Même les choses positives peuvent surstimuler

Je fus surprise de découvrir que les émotions positives pouvaient, elles aussi, avoir un effet surstimulant. La joie, l'engagement et l'enthousiasme peuvent me pousser à m'emporter et me coûter tant d'énergie que j'en reste harassée, déconcentrée, confuse et qu'ensuite je dois me reposer.

Comme je l'ai évoqué précédemment, les causes de la surstimulation dépendent de chacun, mais il existe une règle générale : toute chose est plus pénible lorsqu'on ne peut pas la contrôler – par exemple quand quelqu'un met la musique fort et qu'on n'a pas la possibilité de l'éteindre ou de la baisser.

TROUVEZ VOS DÉCLENCHEURS

Parcourez deux fois la liste suivante :

1. Sur une échelle de 1 (pas du tout) à 10 (très fortement), déterminez à quel point le schéma vous correspond. Pour la notation, prenez en compte autant le degré que la fréquence. Inscrivez la valeur dans la première colonne.

2. Reprenez la liste depuis le début et attribuez des points de 1 à 10 pour déterminer dans quelle mesure le schéma présenté est la raison pour laquelle vous vous sentez irrité et épuisé. Inscrivez les valeurs dans la seconde colonne.
Certaines des propositions vous correspondront (à un niveau de 10 points ou moins), d'autres pas du tout – ignorez les points qui ne vous correspondent pas, ou rayez-les. Vous trouverez aussi des schémas qui se croisent avec d'autres. Cela peut sembler contradictoire, mais c'est totalement normal, car vous pouvez réagir différemment selon les situations.

Les déclencheurs de la surcharge émotionnelle

1.	2.	
5	1	*Je fais trop peu et de trop courtes pauses.*
6 1/2	4 1/2	*Je persévère au-delà de mes forces.*
8	9	*Je mets la barre très haut.*
8	7	*Je pense à une chose et j'en fais une autre.*
10	10	*Je m'isole / je me retire.*
6	___	*Je suis stressé parce que je planifie trop.*
10	___	*Je reporte des choses / j'ai tendance à faire des actions de diversion.*
7	___	*Je suis souvent à la traîne/en retard.*
8 1/2	___	*Je rends service aux autres et me sens dépendant de leur reconnaissance et de leur compréhension.*

1.	2.	
10	____	*Je me sens souvent incompris.*
1	____	*On ne me respecte pas.*
3	____	*Je me sens souvent négligé.*
8	____	*Je me sens souvent surveillé.*
4	____	*Je me mêle trop des affaires des autres.*
8	____	*Je participe trop peu.*
8	____	*J'ai l'impression d'être une victime.*
5	____	*Je me sens seul.*
8	____	*Je suis nerveux.*
5	____	*On me déçoit souvent.*
6	____	*Il m'est difficile de prendre des décisions – de dire oui.*
4	____	*Il m'est difficile de faire des choix – de dire non.*
3 1/2	____	*Je souffre d'un complexe d'infériorité.*

1.	2.	
4	____	*Je suis dépendant des autres.*
2	____	*Je mange trop / trop peu / pas ce qu'il faut.*
8 1/2	____	*Je réagis avec irritation ou colère.*
10/9	____	*Je ne dis pas mon avis, je le garde pour moi.*
9	____	*Je suis exagérément perfectionniste / j'ai peur de commettre des erreurs.*
6	____	*Je suis hanté par la peur qu'on me laisse tomber / de perdre l'amour des autres.*
8	____	*Je suis hanté par la peur de ce que les autres pensent ou disent de moi.*
9	____	*Je crains la critique et les conflits.*
8	____	*Je prends les choses inutilement personnellement/au sérieux.*
4	____	*Je me compare aux autres.*
10	____	*J'ai un grand besoin de contrôler.*
6	____	*Il m'est difficile de poser des limites.*

Qu'est-ce qui vous irrite encore ?
– sur une échelle de 1 à 10

____
____
____
____
____
____

Les trois principaux déclencheurs de votre irritation

1. Les personnes

2. Les situations que je ne peux pas contrôler (les inattendues)

3. Avoir perdu qqch d'important

Décrivez les trois situations les plus courantes qui causent chez vous un sentiment de surstimulation. Soyez précis.

1. Une journée surchargé

2. Le stress, l'angoisse

3. Un manque de repos.

COMMENT RÉAGISSEZ-VOUS QUAND VOUS ÊTES SURSTIMULÉ ?

Choisissez comme point de départ une ou plusieurs situations concrètes. Décrivez ce que vous avez ressenti, pensé et fait à ce moment. Votre réaction peut varier selon les situations.

Exemple :
Je sens que mon corps est tendu, je pense que je ne vais pas y arriver, je me sens nerveux et non sécurisé, je fais tout en même temps. Mes mouvements deviennent agités, je suis maladroit et je fais tomber des choses.
Ou : Mon corps se raidit, je ne peux plus réfléchir, j'ai peur et je suis incapable d'agir.
Ou : Mon corps tremble, je me dis que les autres sont des imbéciles, je suis énervé, je me retire.

Dans votre corps

Que remarquez-vous ?

Je commence à m'agiter
et à vouloir tout casser / lancer.

Dans votre esprit

Que pensez-vous ?

Mes pensées vont dans tous les sens et je pense souvent que c'est pas possible ou je ne peux pas y arriver.

Dans vos sentiments

Que ressentez-vous ?

Du stress, de l'angoisse, de la peur et de la colère.

Dans votre comportement

Que faites-vous ?

Je m'isole a généralement,
Je deviens désagréable.

« Ce que les autres pensent de moi
ne me regarde pas. »

Wayne Dyer

GÉRER SON STRESS

Les personnes hypersensibles ne sont pas très solides et donc plus enclines au stress. Il leur en faut tout simplement moins pour que leur système nerveux manifeste de l'épuisement et que leur corps libère les hormones du stress.

Je trouve toujours effrayant de voir à quel point le stress peut constituer un handicap. Beaucoup de gens me consultent pour cette raison en coaching ; ce sont souvent des personnes qui ressentent la nécessité de prévenir le stress ou qui reprennent leur vie après une maladie due au stress. Parfois ces personnes sortent d'un traitement psychologique et doivent se concentrer, pour avancer, non plus sur la maladie et les problèmes, mais sur leurs ressources. Leur point commun est leur vulnérabilité et la perte de confiance en leur propre jugement : elles craignent de sombrer à nouveau dans l'épuisement. Elles ont besoin de se comprendre autrement et de trouver des comportements qui les aident au quotidien.

Les causes émotionnelles du stress

Nous associons souvent le stress à notre situation professionnelle, au fait d'être débordés et d'avoir trop de choses à faire. Mais des recherches ont montré que ce sont surtout les charges émotionnelles qui conduisent aux symptômes de stress persistants. Le psychologue américain Sheldon Cohen a voulu savoir si les personnes stressées risquaient davantage de tomber malades, par exemple d'attraper un rhume. L'étude sur place dans la vie quotidienne est complexe, car il faut prendre trop de facteurs en compte, comme le degré d'exposition aux sources de contagion. Le psychologue a donc installé les participants dans un hôtel qui leur avait été spécialement réservé. Lors de leur enregistrement dans cet « hôtel expérimental », les participants ont dû remplir un questionnaire portant sur leur situation de vie actuelle. Ensuite, un virus de rhume leur a été inculqué par le nez et ils ont été isolés pendant une semaine. À la grande surprise de Cohen, les personnes en déséquilibre émotionnel s'avérèrent plus réceptives à la contamination. Les cas les plus à risque n'étaient pas les personnes submergées et débordées.

Le stress est avant tout lié aux sentiments de colère et de peur.

C'est ainsi pour bonne raison. Lorsque nous sommes exposés au danger, notre corps sécrète des hormones – entre autres le cortisol et l'adrénaline. Voici ce qui se passe concrètement à ce moment précis : la tension monte, les muscles se remplissent de sang, le cœur bat vite, le taux de glycémie augmente. Tout cela nous donne l'énergie nécessaire soit pour fuir, soit pour nous battre. Voilà pourquoi, lorsqu'un danger menace votre enfant d'une seconde à l'autre, vous courez plus vite que jamais, ou voilà pourquoi vous êtes capable de vous battre comme un lion.

La sécrétion d'hormones de stress dans le corps est une fonction saine, naturelle et vitale, mais elle est physiologiquement prévue uniquement pour une courte durée : les hormones de stress sont libérées en cas de danger instantané, puis s'affaiblissent peu à peu. Si tel n'est pas le cas, si un état de stress chronique s'installe, les conséquences à long terme sur votre qualité de vie et votre santé peuvent être dévastatrices. Comme je l'ai mentionné précédemment, la sécrétion d'adrénaline est liée à la colère et la peur. Si le stress est permanent, l'adrénaline est libérée non seulement pendant les situations menaçantes, mais également dans les moments de petits tracas et d'irritation quotidiens. Les petits soucis représentent une variante affaiblie de la peur et l'irritation est la petite sœur de la colère.

Les pensées qui déclenchent le stress

Vos pensées aussi influent sur vos sentiments. Réfléchir à ce qui vous préoccupe, vous rend furieux ou vous irrite peut suffire à libérer les hormones du stress. Voici un exemple. Peut-être que le fait d'avoir un bureau sur lequel s'entasse du travail vous parle. Le tas en lui-même, quelle que soit sa taille, n'est pas le problème. Ce qui est stressant, c'est d'y penser.

Il y a une grosse différence entre penser : *Oh là là, je ne vais jamais y arriver. Les autres pensent que je suis trop lent. Ils se disent que je ne suis pas assez bon.* Et se dire : *Cet emploi m'offre vraiment beaucoup de sécurité – et une grande quantité de travail à accomplir. Pour l'instant, ils ne peuvent pas se passer de moi. Ils me font vraiment confiance, car ils me pensent capable d'assumer tant de tâches. J'assure, tout simplement !*

Que se passe-t-il dans votre tête ? Vos pensées sont-elles empreintes de joie et de confiance, ou bien d'inquiétude et d'irritation ? Faites attention à vos pensées et vos sentiments au quotidien. Et rappelez-vous qu'à chaque fois que vos pensées sont basées sur la peur/inquiétude ou la colère/irritation, le stress agit sur votre corps.

« Tu ne peux empêcher les oiseaux
de la tristesse de voler au-dessus
de ta tête, mais tu peux les empêcher
de faire leur nid dans tes cheveux[2]. »

2. Ce proverbe, que l'on attribue souvent à Martin Luther, provient vraisemblablement de Chine.

Allez concrètement au fond de vos pensées. Soyez précis. Votre peur/inquiétude ou votre colère/irritation a-t-elle une cause réelle ? Dans ce cas, il faut faire quelque chose. Mais dans le cas contraire laissez filer cette pensée et entraînez-vous à vous concentrer sur des pensées qui procurent le calme et la joie intérieurs.

Mettre une bonne ambiance

Dans leur vie sociale, les personnes hypersensibles ont tendance à vouloir inlassablement mettre une bonne ambiance. Probablement ont-elles développé dès leur enfance un schéma selon lequel elles sont responsables de l'ambiance qui règne, même si elles se retrouvent parfois isolées ou que les autres œuvrent contre leurs efforts.

Peut-être qu'une atmosphère harmonieuse revêt une telle importance pour les hypersensibles, parce que ces derniers rencontrent des difficultés intérieures à supporter les ambiances froides et négatives chargées d'irritation, de plainte, de critique, de colère ou de silence. L'ambiance négative engendre de l'irritation : on sent obligé de le changer ou d'y échapper. Certaines personnes éprouvent le besoin de se retirer, de porter leur attention vers leur for intérieur et d'attendre que ça passe. D'autres, en essayant de changer l'ambiance, extérioriseront plutôt leurs sentiments et contribueront au climat négatif par leur colère ou par des mots durs. Personnellement, je connais les deux réactions.

C'est seulement plus tard, à l'âge mûr, et surtout après avoir appris à mieux connaître ce trait de caractère qu'est l'hypersensibilité, que j'ai commencé à me comprendre moi-même. Je vois à présent les choses de manière éclairée. Il était primordial que j'apprenne à poser des limites saines, peu importe les conséquences de ces limites sur l'ambiance. J'arrive mieux à dire non, à faire attention à moi et à prioriser mes besoins. Je ne me sens plus responsable de manière excessive de la bonne ambiance.

J'ai dû arrêter de vouloir sans cesse diriger et contrôler les choses. J'ai donc dû accepter de ne pas toujours atteindre mes objectifs et de voir les choses ne pas toujours aller dans mon sens – ce qu'elles n'ont d'ailleurs jamais fait.

L'hypersensibilité sur le lieu de travail

Le stress est un problème de santé en pleine expansion. De plus en plus de personnes se sentent tellement stressées qu'elles font appel à des professionnels.

Une étude allemande menée par l'assurance maladie des techniciens, datant de 2013, montre que les absences dues à des problèmes psychiques ont augmenté de presque 75 % depuis 2006. En Allemagne, environ une personne sur six est absente pour des raisons psychiques. Selon l'Office fédéral de la statistique, les absences dues au burn out ont augmenté de 70 % au cours des dix dernières années. Selon l'Organisation mondiale de la santé (OMS), le stress sera l'une des causes majeures de maladie d'ici 2020. Le stress pose clairement un problème très sérieux et ce livre ne compte pas assez de pages pour en décrire la complexité.

Je suis convaincue que les personnes hypersensibles ont une prédisposition au stress. Chez nombre d'entre elles, le niveau de stress qui les conduit à l'arrêt maladie pourrait être réduit, à condition que ce trait de caractère soit mieux connu et compris. À condition aussi que leurs dirigeants et leurs collègues soient disposés à leur offrir un cadre plus tolérant et plus flexible. La personne hypersensible doit également prendre sa part de responsabilité en travaillant sur son estime de soi, en posant des limites saines et en trouvant les moyens adaptés pour se protéger de la surstimulation pendant ses heures de travail.

Les facteurs de stress dans le monde du travail

Les hypersensibles supportent mal l'*open space*, le bruit et tous les facteurs perturbants que de tels bureaux impliquent. Ils n'aiment pas être dérangés et éprouvent souvent un grand besoin de reconnaissance et de sécurité en ce qui concerne leur travail.

Dans nombre d'emplois, les pauses ne font plus partie du rythme naturel de la journée. L'hypersensible pourrait prévenir le stress et la surstimulation s'il pouvait se retirer et faire une pause, tout seul, sans se soucier de ce que les collègues pensent ou attendent de lui.

Les employeurs auraient tout intérêt à créer de bonnes conditions de travail pour leurs collaborateurs hypersensibles, car ces derniers ont un potentiel fantastique : extrêmement bosseurs, ils ont une capacité de concentration hors norme. De plus, ils sont flexibles, innovateurs, intuitifs, créatifs, affables, attentionnés et disposés à mettre une bonne ambiance – à condition qu'ils ne soient pas surstimulés.

Apprenez-en davantage sur la bonne routine au travail dans le chapitre intitulé « La surstimulation que vous ne pouvez ou ne voulez pas éviter » (p. 141 et suivantes).

LA SENSIBILITÉ ET LE VIEILLISSEMENT

On ne devient pas forcément plus sensible avec l'âge, malgré les apparences.

Entre quarante et cinquante ans, les femmes subissent des chamboulements hormonaux qui influent sur leur équilibre énergétique, que ce soit sur le plan physique ou psychique. On est au milieu de sa vie, on change sa façon de penser, on redéfinit ses priorités et ses convictions.

Les femmes, tout comme les hommes, n'ont plus la même énergie en vieillissant et ne sont donc plus en mesure d'accomplir les mêmes choses qu'avant. Si l'on a tendance à absorber beaucoup de stimuli et à les intérioriser, on n'est plus capable de digérer autant qu'avant. On est tout bonnement plus vite irrité.

Continuer, tout simplement ?

Si vous ignorez les signaux qui accompagnent ces changements et que vous continuez comme avant avec les mêmes attentes et les mêmes schémas, vous vous sentirez lentement (mais sûrement) de plus en plus surstimulé. Vous finirez par être épuisé, vous vous viderez peut-être même complètement de votre énergie.

En vous usant de la sorte, vous courrez le risque d'arriver dans votre vie à un déséquilibre tel que vous aurez du mal à gérer votre quotidien. Vous perdrez peu à peu votre humour et vos envies, votre attitude deviendra de plus en plus négative et vous vous sentirez peut-être déprimé et malheureux.

Dans ce cas, l'enthousiasme, la joie de vivre et l'énergie laissent leur place à la frustration et à l'impuissance. Vous avez envie de vous retirer, d'être ailleurs, vous pouvez être pris de doutes quant à votre couple, votre emploi ou même vos propres compétences. Certaines personnes disent ne plus se reconnaître.

Tout ceci peut causer une surstimulation, car vous vous éloignez de la personne que vous voulez être.

Le courage de changer

Les hypersensibles souffrent souvent de pensées négatives à propos d'eux-mêmes et de leurs capacités. Les schémas inappropriés qu'on a développés au cours de la vie finissent par devenir tellement pesants que le changement s'impose si l'on veut garder sa qualité de vie, sa santé, sa joie et son énergie. Si par exemple on a l'habitude d'attendre l'approbation des autres ou qu'on refuse toute critique par peur, on se posera inévitablement, après quarante-cinq ans, une question plus importante que jamais :

Qu'est-ce que
je veux vraiment ?

La solution n'est pas forcément de s'isoler, de changer de travail ou de partenaire. Les choses désagréables ont l'habitude de nous suivre. On ne peut pas y couper : il faut commencer à s'écouter et à transformer ses modes de comportement et ses réactions. Si vous ne voulez pas vous approcher petit à petit du gouffre, vous devez trouver le courage de mettre en place les changements nécessaires – peu importe les réactions de votre environnement et peu importe la nature des réactions que vous craignez.

Voici les changements classiques :

- Vous devez apprendre à faire bien attention à vous avant de penser aux autres et vous ne devez pas prendre en charge plus que vous ne pouvez supporter.
- Si, à cause d'une faille affective, vous pensez devoir vous soumettre aux désirs et aux besoins des autres, vous devez apprendre – en fonction de ce que vous voulez vraiment – à dire oui et non à bon escient.
- Vous devez apprendre à refuser des choses et à poser des limites saines.
- Vous devez apprendre à vous écouter, vous et vos impulsions, au lieu de vous retenir par peur de ce que pensent ou disent les autres.

Nos modes de réaction et de protection se sont installés pour des raisons précises. Nous en avons développé certains afin d'occulter des sentiments indésirables, comme la peur de la solitude, de l'échec ou de l'infériorité. Il est nécessaire d'assumer très consciemment la responsabilité de ces sentiments difficiles et de les accepter comme une partie de vous-même.

Le deuxième tournant de la vie

Il est très probable qu'en vieillissant vous subissiez un changement dont vous êtes à peine conscient.

Peut-être en réalité ces sentiments indésirables ne sont-ils plus d'actualité. Peut-être est-il bien plus facile de changer vos modes de fonctionnement que vous ne le pensez.

Après quarante-cinq ans, nous prenons dans notre vie un deuxième tournant. Nous avons connu le premier à la puberté, sur le chemin de l'enfance vers l'âge adulte. Sur le chemin de l'âge adulte vers l'âge senior, nous vivons le moment de dire adieu à la beauté de la jeunesse, à ses possibilités, sa spontanéité et sa fraîcheur. Si nous sommes ouverts à ce nouveau chapitre de notre vie, la vieillesse nous offre une possibilité de grande profondeur et de richesse, une quête de valeurs plus élevées. Les valeurs ne sont pas des objets : ni une nouvelle maison, ni de nouvelles chaussures, ni une nouvelle voiture. Les valeurs sont dans ce que vous faites, dans ce que vous vivez et dans ce que vous réalisez.

Beaucoup de personnes hypersensibles se sentent bien dans leur peau quand elles considèrent que leur vie a un sens et qu'elle est régie par des valeurs comme *l'amour, la joie, la gratitude, la paix, l'humanité, la considération, la gentillesse, la compassion, l'estime, l'union, la liberté, l'équilibre et la santé.*

Pour se retrouver soi-même dans ce développement, il peut être très utile d'avoir le soutien d'un thérapeute ou d'un coach. Cela peut vous aider à reconnaître la richesse que vous offre la vie et à puiser dedans. Les hypersensibles réfléchissent souvent plus profondément à la vie et à la mort. Ils s'intéressent donc davantage au développement personnel, à la thérapie et au coaching.

L'HYPERSENSIBILITÉ ET LA VIE DE COUPLE

Selon les recherches d'Elaine Aron, environ 34 % des couples comptent un partenaire hypersensible. Les changements que vous traverserez à la découverte de votre hypersensibilité ne seront pas toujours bien accueillis au sein de votre famille ou de votre couple. Mais, même si vous rencontrez de la résistance et que vous n'obtenez pas la compréhension escomptée, ne désespérez pas et n'agissez pas de manière précipitée.

Le divorce est loin d'être une solution, même s'il peut être tentant de vouloir s'éloigner d'une relation où subsiste un manque de compréhension. Vous ne pouvez pas attendre de votre partenaire qu'il déroule le tapis rouge et qu'il fasse disparaître tous les obstacles, tous les sentiments ou toutes les réactions indésirables. Peut-être êtes-vous en train de découvrir à quel point il vous est difficile de poser des limites, car vous vous êtes toujours senti coupable ou car vous aviez peur du rejet. Peut-être avez-vous, à cause d'une faille affective, habitué votre partenaire à accourir en un claquement de doigts par crainte de réactions bourrues – auquel cas vous ne pouvez pas attendre de l'autre qu'il abandonne volontairement ses privilèges.

Vous devez accepter que du temps est nécessaire pour que tout le monde reconnaisse les conséquences liées à l'apparition de l'hypersensibilité dans une famille.

Vous avez besoin de patience et de sollicitude envers vous-même, pendant que vous réapprenez à vous connaître.

Si vous rencontrez de la résistance, ce n'est pas forcément le moment d'éloigner l'autre ou d'essayer de changer son comportement. Ce peut être l'occasion pour vous de reconnaître vos limites et de défendre vos valeurs. Ce qui veut dire que vous avancez davantage vers la personne que vous êtes, sans vous soucier de ce que disent ou pensent les autres.

LES ENFANTS HYPERSENSIBLES

Comme je l'ai déjà évoqué, il existe un désaccord sur le caractère inné ou héréditaire de l'hypersensibilité. Beaucoup de parents et de personnes qui travaillent avec les enfants s'entendent sur le fait qu'il existe une différence de sensibilité d'un enfant à l'autre – même chez les enfants très jeunes. Cette différence concerne autant les filles que les garçons. Les hypersensibles disposent pour ainsi dire d'antennes plus délicates, qui reçoivent et enregistrent les stimuli plus intensément.

Par nature tous les enfants sont sensibles, créatifs, intuitifs et affectueux. L'hypersensibilité des enfants dépend de la vitesse à laquelle ils se sentent surstimulés, à laquelle ils atteignent leur seuil de tolérance – ce moment où tout devient trop pour eux et où ils ne peuvent plus rien recevoir.

Tout comme chez les adultes, les domaines dans lesquels s'exprime cette hypersensibilité varient selon les enfants. Il existe une grande différence entre un enfant qui est hypersensible avant tout dans le domaine physique et un autre qui l'est avant tout dans le domaine social.

Les mécanismes de protection et les schémas de réaction d'enfants hypersensibles varient. Certains enfants ne ressentent pas le besoin d'être particulièrement stimulés, ils préfèrent le calme et le silence : ils sont perçus comme introvertis, pensifs, prudents, timides ou craintifs. D'autres en revanche ont besoin qu'il se passe quelque chose, ils recherchent les défis : on les qualifie souvent d'extravertis, énergiques, curieux. Mais ils en ont eux aussi vite assez et, par réaction, deviennent agités et survoltés.

Le respect, la compréhension et la valorisation des qualités inhérentes à leur hypersensibilité ont un effet particulièrement positif sur ces enfants.

Pour le bon développement de ces enfants ainsi que pour la manière dont ils se perçoivent et se comportent, il est primordial que les adultes les comprennent et leur apprennent à gérer leur sensibilité d'une manière positive et bonne.

Un équilibre sain

L'équilibre est important. L'adulte a le devoir de protéger l'enfant, mais c'est de l'amour mal placé que de le surprotéger. Il s'agit de trouver un équilibre entre trop et trop peu de stimuli. Cela dépend encore une fois de chaque enfant et de chaque situation. Rappelez-vous que même les ambiances positives et joyeuses peuvent avoir un effet surstimulant sur l'enfant.

Les enfants hypersensibles sont souvent très exigeants envers eux-mêmes. Ils rencontrent par conséquent des difficultés à gérer des situations qui paraissent anodines. L'enfant réfléchit intensément aux choses et est très réceptif aux impressions. Cela peut donc être difficile pour lui de prendre en compte plusieurs possibilités ou plusieurs informations à la fois.

L'enfant hypersensible grandit mieux et fonctionne mieux en présence de processus clairs et de cadres bien définis.

LA SPIRITUALITÉ

Beaucoup de personnes hypersensibles sont naturellement ouvertes à la spiritualité et aux expériences mystiques. Elles se perçoivent comme faisant partie d'un tout avec lequel elles sont connectées au-delà du physique. Le contact spirituel peut être source de qualité de vie et de développement, mais il peut également être déséquilibrant et surstimulant. L'important est d'arriver à intégrer la spiritualité dans votre quotidien de manière simple, pragmatique et sereine.

À regarder de près, la spiritualité nous enseigne à vivre avec amour et compassion dans nos cœurs, nos relations et nos actions.

Trouver son propre chemin

Vous avez peut-être laissé de côté votre spiritualité, parce que vous étiez dans le doute, que vous vous sentiez différent ou que vous pensiez que cela n'avait pas beaucoup d'importance. Mais prendre conscience de sa croyance et l'intégrer à sa vie quotidienne peut s'avérer un grand soulagement.

Si vous rencontrez des difficultés à vivre avec votre spiritualité ou votre croyance, ou bien à échanger avec les autres à ce sujet, des sentiments comme la frustration, la solitude et l'inquiétude peuvent vite s'installer. Dans beaucoup de communautés, il est totalement naturel de parler de croyance et de spiritualité. Au-delà des églises, il existe beaucoup de communautés mystiques et spirituelles ouvertes à tous.

EN UN COUP D'ŒIL : APPRIVOISER SA PROPRE SENSIBILITÉ

1

Voir les deux côtés

Grâce à une sensibilité accrue du système nerveux, les personnes hypersensibles vivent plus intensément les stimuli positifs et négatifs. D'un côté, leur réceptivité à l'irritation, à l'épuisement et au stress est accrue. De l'autre côté, les hypersensibles ont tendance à se créer une vie heureuse, remplie de sens et marquée par la compassion, les expériences profondes et les relations affectueuses.

2

Ne pas se considérer comme marginal

Tout le monde sans exception connaît le stress, l'épuisement et l'irritation. Nous y réagissons tous de manière assez similaire. Chez les hypersensibles, ses états s'installent tout simplement plus souvent et plus rapidement, car leur seuil de tolérance est moins élevé.

3

Reconnaître le point de non-retour

Les personnes sensibles en particulier atteignent plus rapidement le point où elles ne peuvent plus rien recevoir, accueillir. Avant d'atteindre cette limite, elles vivent la version positive d'elles-mêmes. Au-delà les attend la version la plus négative. On reste loin derrière ses possibilités, on réagit de manière inappropriée et on n'est pas la personne que l'on voudrait être. Ainsi, il arrive qu'on soit la cause de sa propre irritation.

4

Trouver la bonne mesure

Trop de stimulation épuise et stresse votre système nerveux. À l'inverse, trop peu de stimulation en cas de retrait et d'isolement peut contribuer à augmenter votre émotivité. Il faut trouver l'équilibre qui vous correspond.

5

Vivre selon ses propres valeurs

Les gens sensibles se sentent souvent au mieux quand ils trouvent un sens à leur vie et à leurs relations, quand leurs principales valeurs sont l'amour, la joie, la compassion, le partage, l'attention et la gentillesse. Les valeurs ne sont pas des objets : ce sont les sentiments qui vous habitent lorsque vous faites ce qui vous semble juste et vrai en votre for intérieur.

6

Utiliser la spiritualité comme source

Beaucoup de personnes hypersensibles sont naturellement ouvertes à la spiritualité et aux expériences mystiques. Elles se sentent parties d'un grand tout qui comprend bien davantage que le monde matériel. La spiritualité peut être une merveilleuse source de vitalité et de paix intérieure.

Chapitre 3

Être clément envers sa sensibilité : se protéger et vivre son propre potentiel

Dans ce chapitre, vous apprendrez :

➥ à essayer des manières de vous poser des limites saines à vous-même et aux autres ;

➥ à découvrir la protection que vous apportent la vigilance et l'art d'être dans le présent ;

➥ à mettre en place des stratégies concrètes pour éviter la surstimulation ;

➥ comment réagir lorsque vous ne pouvez ou ne voulez pas éviter la surstimulation.

LA SOLLICITUDE ENVERS SOI-MÊME

Il est essentiel pour votre bien-être, votre qualité de vie, votre joie et votre énergie d'être capable de bien gérer votre sensibilité, sinon vous vous retrouverez toujours face à des situations irritantes ou épuisantes.

Il ne s'agit pas de vous isoler ou de ne pas vivre une vie normale pour vous protéger de la surstimulation. Plus vous vous isolez, plus vous devenez sensible. Vous l'avez peut-être déjà vécu lorsque vous vous trouviez à un endroit très calme : le moindre bruit vous paraît abasourdissant.

Vous pouvez être clément envers votre sensibilité :

- en vous focalisant sur les aspects positifs potentiellement inhérents à ce trait de caractère ;
- en vous occupant principalement de choses qui vous tiennent vraiment à cœur ;
- en vous concentrant généralement sur ce que vous aimez faire ou accomplir et en prenant les décisions appropriées.

Apprenez à vous comprendre

Découvrir que l'hypersensibilité est simplement un trait de caractère et que les gens sont tous différents peut avoir un côté libérateur. Cela facilite l'acceptation et la prise en charge de vos besoins.

Si par exemple je n'avais pas intégré que j'étais matinale, j'aurais eu plus de mal à comprendre pourquoi, contrairement à mon mari, je me sens fatiguée le soir. Je m'adresserais peut-être des reproches en me disant que je devrais rester plus longtemps éveillée : *Quelque chose cloche avec moi !* Mon mari penserait peut-être la même chose, car il ne ressent pas la fatigue. Jusqu'à ce que je découvre que j'étais du matin et qu'il était pour moi normal d'être épuisée le soir. Aujourd'hui, je me connais et j'accepte la différence. Je comprends pourquoi je dois aller me coucher plus tôt pour être opérationnelle et je parviens à valoriser le fait d'être en pleine forme le matin, alors que mon mari est fatigué.

Des limites saines

Se poser des limites saines peut représenter un vrai défi pour les personnes hypersensibles. On a tendance à se sentir excessivement responsable des autres et à ne pas savoir quand on en fait assez.

Peut-être que les personnes hypersensibles sont plus habitées par la peur de ce que pensent les autres. Nous ne voulons pas être ennuyeux ou responsables d'une ambiance disharmonieuse. Nous essayons de correspondre aux attentes des autres, c'est pourquoi nous avons des difficultés à dire non.

Les limites saines sont
la principale source de l'estime
de soi et la base vous permettant
d'être la personne que
vous voulez être.

Gardez en tête que vous avez le droit de poser des limites, en partant du principe que c'est sain pour vous. Dites-vous aussi que cela relève de votre propre responsabilité.

Mon exemple

J'ai été surprise de découvrir à quel point j'avais du mal à poser des limites saines – sans que j'en aie vraiment conscience dans certaines situations. Je suis d'une nature plutôt patiente, mais, si ma limite est atteinte, je le dis clairement. Voilà ce que j'avais toujours pensé de moi – et, autant que je sache, les autres aussi.

Après avoir pris connaissance de mon trait de caractère hypersensible, j'ai commencé à m'observer – dans le détail : ce que je pense, ce que je ressens et quels sont mes automatismes. Et un jour, lorsque je me suis retrouvée de manière impromptue dans une situation difficile, je me suis observée avec acuité. Je préparais un cours que je devais donner à Copenhague, j'avais beaucoup de bagages à faire, beaucoup de choses à régler et je devais prendre un ferry le lendemain de bonne heure. Normalement, j'aurais été dans les temps et j'aurais fini mes bagages avant le dîner – je réfléchis moins bien le soir. Mais ce jour-là, je m'étais fixé d'autres priorités. Je me sentais fatiguée dans l'après-midi : j'avais décidé de faire une sieste, puis de travailler plus longtemps. Et ainsi, le soir, j'étais loin d'avoir chargé la voiture lorsqu'une amie me rendit visite. Dans le fond, cela ne m'arrangeait pas d'être interrompue à ce moment, mais automatiquement – je peux être très rapide – j'ai réfléchi, j'ai noté ce à quoi il fallait penser et j'ai décidé de me réveiller très tôt le lendemain pour finir et prendre le ferry. J'ai fait tout ceci par réflexe, tout en sachant que faire les choses au dernier moment me stressait et m'épuisait.

Je me suis dit que, mon amie et moi, nous nous voyions trop peu. Nos rencontres me manquaient et j'avais essayé à plusieurs reprises de la voir – sans succès. J'étais donc contente qu'elle soit là. Nous sommes toutes les deux très occupées et elle sait – je le lui ai dit – que je préfère être prévenue des visites pour que je puisse m'organiser en fonction. Mais, parce que j'étais heureuse de la voir, j'ai laissé tomber toutes mes occupations et nous nous sommes installées confortablement.

En même temps, j'ai fait attention à ce qui se passait dans ma tête et à mon ressenti. En réalité, je ne me sentais pas bien du tout dans cette situation. J'étais – et c'est un euphémisme – irritée, vexée, même fâchée, je ne me sentais pas respectée. Tandis que nous étions assises en train de papoter gentiment, je réalisais ce qui se passait en moi, sans en dire mot. J'ai profité de l'occasion pour observer et analyser ce qui se passait dans une telle situation à un niveau plus profond et dont je n'avais auparavant pas conscience. Il aurait pu être tentant de faire part de mes sentiments à mon invitée : du fait que j'étais fâchée, que je ne me sentais pas respectée et écoutée.

Mais j'ai décidé d'endosser la responsabilité de cette situation, car en réalité je n'avais pas été capable de dire non, de poser une limite saine, de dire à mon amie que c'était le mauvais moment pour passer. Je n'ai pas osé le verbaliser. Et j'ai réalisé qu'il y avait beaucoup d'autres situations où je n'osais pas dire les choses, notamment quand il s'agissait de personnes proches. Il n'était donc pas question de demander à l'autre de me respecter et de changer de comportement.

Je devais oser poser mes limites.

Les sentiments cachés

J'ai décidé en silence de changer de mode de fonctionnement. J'ai profité de l'occasion pour faire le point sur les sentiments qui m'empêchaient de dire non.

Certains événements ou certaines situations déclenchent des sentiments profonds qui n'ont pas forcément de rapport avec la situation en question, mais qui jaillissent automatiquement des profondeurs de l'inconscient. C'est pourquoi, dans certains cas, nos émotions peuvent nous paraître démesurées et inappropriées eu égard à la situation.

Tandis que j'étais assise là, je réalisais clairement que je n'étais pas capable de poser des limites et de dire patiemment et gentiment non lorsqu'il s'agissait de relations émotionnellement proches. Auparavant, si je devais refuser quelque chose à mes proches, j'étais irritée et en colère – puis pleine de regrets.

J'ai compris que je ne pouvais pas dire non parce que j'avais peur de la réaction de l'autre. Je craignais que ça le contrarie, le blesse. Ou alors que l'autre pense que je suis trop difficile, qu'il arrête de m'aimer et qu'ensuite je me sente indésirable, abandonnée et seule.

J'étais ébranlée par le nombre de sentiments qui entraient en jeu – des sentiments sans rapport logique avec la situation, des sentiments qui me paraissaient dangereux et qui me faisaient peur.

J'ai vu que j'avais, pendant des années, évité de ressentir ma vulnérabilité, en organisant les choses vite fait. Mais cette fois-ci, pendant que je bavardais tranquillement, je m'étais permis d'observer mes réactions et de percevoir mes sentiments dans leur globalité. Je me suis promis qu'à l'avenir je prendrais mes sentiments en compte et que je changerais mon comportement avec acceptation, patience et douceur. Je ne ressentais pas le besoin de partager cette expérience – je ne demandais pas à l'autre de me respecter ou de changer.

Il a suffi que je décide de prendre conscience de mes limites et de les respecter à l'avenir. J'avais percé à jour ma peur d'être abandonnée, de me sentir indésirable et seule. Je sais maintenant qu'il n'est pas dangereux de poser des limites, de dire non. Je sais que je survivrai lorsque je refuserai quelque chose à quelqu'un.

POSER DES LIMITES

Trucs et astuces

Commencez par diriger votre attention sur vos limites, apprenez à les connaître et à réaliser quand elles sont dépassées. Soyez patient envers vous-même pendant cet apprentissage. On ne réussit pas à chaque fois.

Ne rien décider dans l'immédiat

Une bonne règle de base est de ne pas répondre dans l'urgence et de ne pas décider tout de suite. Les personnes hypersensibles ne sont pas toujours particulièrement rapides. Attendez avant de répondre ou de décider, prenez le temps de réfléchir, laissez passer une nuit et comprenez quel est le bon choix pour vous. Ce n'est pas une excuse pour éviter de prendre position. Les hypersensibles ont tendance à mettre longtemps pour se décider, mais il ne s'agit pas de cela ici. Dans la plupart des cas, le temps de réflexion vous sera accordé. Promettez de donner une réponse – et faites-le.

Que peut-on changer ?

Soyez patient, tolérant et gentil envers vous-même lorsque vous constatez qu'une de vos limites a été dépassée. Évaluez si vous pouvez changer la situation – et faites-le. Ou tirez au clair ce que vous ferez la prochaine fois, lorsque vous serez dans la même situation.

Rester flexible

Les limites sont différentes et dépendent des situations, elles sont influencées par votre état d'esprit et votre entourage. Elles devraient rester flexibles pour que vous puissiez inclure ce que vous souhaitez et exclure l'indésirable.

Prendre ses responsabilités

Bien sûr que nous sommes en droit d'attendre le respect et l'écoute quand il s'agit de nos souhaits et de nos limites. Mais ce n'est pas forcément la première chose à attendre en toutes circonstances. Si nous assumons notre responsabilité envers nous-mêmes et nos propres limites, il s'avère que – pour le grand bien de toutes les personnes concernées – beaucoup de choses se mettent en place de manière fluide.

Se dire oui à soi-même

S'il nous arrivait de perdre quelque chose parce que nous avons dit non à quelqu'un, le risque en vaudrait la peine, car l'incapacité de dire non nous fait perdre l'essentiel – nous nous perdons nous-mêmes.

RECONNAISSEZ VOS LIMITES

Réfléchissez aux situations dans lesquelles il vous est difficile de poser des limites. Réfléchissez à une situation concrète dans laquelle vous n'avez pas réussi à dire non.

Qu'avez-vous pensé, ressenti, qu'avez-vous fait ?

Du regret

Quelle était la véritable raison de votre non ?

Le manque d'envie et de blesser l'autre en face de moi

Que craigniez-vous en disant non ?

Ce que l'autre/les autres peut penser de moi.

Que craigniez-vous encore en disant non ?

Ce que les autres pensent (que je n'ai pas envie, que je suis "inaccessible", etc.).

DÉCIDEZ D'ÊTRE HEUREUX

Notre état d'esprit dépend souvent des circonstances. L'ambiance vibre au rythme de ce qui se passe autour. Beaucoup de gens ont du mal à être contents et heureux – ils veulent toujours plus ou autre chose.
Mais être heureux ne veut pas forcément dire qu'on est heureux de quelque chose.

Vous décidez vous-même d'être heureux.

Il s'agit d'une décision.
Si vous êtes déterminé à être heureux, c'est comme si on vous posait une lampe frontale sur la tête, qui brille et met en lumière toutes les possibilités.
Cela ne signifie pas que plus rien ne vous dérangera : le fait de toujours dire oui n'a jamais rendu personne heureux. Il s'agit plutôt d'avoir conscience de la sensation fondamentale du bonheur et de ce que vous pouvez faire pour la retrouver lorsqu'elle vous a quitté.

Le degré de bonheur et de satisfaction dépend de vos attentes et des possibilités que vous avez pour les réaliser. Plus l'espace entre vos attentes et vos possibilités est réduit, plus vous serez heureux et satisfait. Vous pouvez changer les possibilités seulement jusqu'à un certain point. Vous pouvez en revanche modifier les attentes à tout moment. Cette affirmation vaut pour les attentes vis-à-vis de vous-même comme pour les attentes vis-à-vis des autres.

Faites quelque chose pour vous

De nombreuses études ont montré que des personnes hypersensibles ayant la possibilité de recharger régulièrement leur batterie dans la journée se sentent nettement mieux que la moyenne des gens. En effet, ces personnes sont touchées plus en profondeur par les influences négatives, mais aussi par les stimuli positifs. Elles se nourrissent particulièrement d'art, de musique et de nature.

Je suis très occupée, je jongle avec beaucoup de balles en même temps. Il faut être structuré et volontairement discipliné pour y arriver, mais au bout du compte tout est une question de priorités, de bon planning et de choix très conscients : il faut se décider pour ou contre quelque chose.

Avant, j'accélérais simplement le rythme, mais ça, je ne peux plus le faire. Je dois accepter que certaines choses prennent du temps et que je n'arrive pas à faire tout ce que je veux. C'est essentiel pour mon bien-être, mon équilibre intérieur et ma santé d'avoir dans mon quotidien des moments de calme et des événements réconfortants.

Mes priorités sont tournées vers mon bien-être. Je pratique la méditation et la pleine conscience, je fais du sport, je prends des bains de mer tout au long de l'année, je profite des levers du soleil, je fais des massages et de la réflexothérapie, je mange sainement – c'est-à-dire que mon alimentation me donne des éléments nutritifs et de l'énergie. Je me couche tôt, je me lève tôt, j'écoute de la musique douce, je tiens mon journal, je lis, je suis créative, je papote et je rigole avec mes amis et ma famille.

FAITES-VOUS DU BIEN

Que pouvez et voulez-vous faire pour votre bien-être ?
Comment et quand voulez-vous le faire ? Soyez précis.

Passer du temps avec Dieu
Sentir seule, famille ou avec
des Amis, lire un livre,
dormir, faire du Sport,
écouter de la musique,
écrire.

« Il n'y a point de chemin
vers le bonheur.
Le bonheur est le chemin. »

Thich Nhat Hanh

Savoir ce que vous pouvez faire et ce que vous allez faire

Souvent, lorsque je donne des cours destinés à des personnes hypersensibles, les participants m'appellent au préalable pour se renseigner sur le déroulement de la séance. Ils veulent savoir combien de personnes seront présentes, la longueur des pauses et s'il sera possible de se rendre aux toilettes. Ces interrogations témoignent d'une peur d'être exposé à des situations qui, par expérience, sont difficiles pour eux. La plupart sont rassurés une fois qu'ils ont appris qu'ils pouvaient se lever sans problème au milieu du cours et partir s'ils en sont au point de ne plus pouvoir recevoir d'informations.

C'est clair : même si certaines personnes ont besoin de sortir, elles doivent fournir pour ce faire un grand effort, car elles craignent que les autres les considèrent comme différentes et gênantes. Je suis persuadée que cela dérange en effet des gens, qui estiment une telle interruption bizarre ou irrespectueuse et qui expriment éventuellement ce ressenti. Ce sont des choses qui arrivent. Mais, selon moi, les plus grands gêneurs sont ceux qui réagissent avec irritation et incompréhension. Celui qui se lève en silence, quitte la pièce, revient en silence et se rassoit ne gêne pas – et encore moins s'il a prévenu de son besoin éventuel de faire de courtes pauses.

Ce qui est drôle, c'est que savoir ce que l'on peut ou veut faire – par exemple s'extirper d'une situation de groupe – suffit à rassurer la plupart des gens.

Il s'avère que c'est rarement nécessaire, mais la peur d'être prisonnier d'une situation sans pouvoir en échapper empêche pas mal de gens d'assister à des événements qui leur auraient plu.

ASSEZ FAIT

Dans la plupart des relations familiales ou professionnelles, il existe des liens affectifs, des réactions par habitude et des attentes non formulées. Cela peut vous mettre sous pression et vous surstimuler. Précisez bien ce que vous êtes prêt à faire et quand cela suffit.

Si vous ne savez pas quand vous en avez assez, vous aurez constamment l'impression de devoir en faire plus et vous aurez probablement mauvaise conscience lorsque vous direz non.

Soyez précis. Définissez vos limites : jusqu'où voulez-vous aller avant de vous dire que vous en avez fait assez ? Utilisez la phrase :

Maintenant
j'en ai fait assez

et dites non en toute bonne conscience.
Vous éprouverez peut-être une agréable sensation de paix intérieure.

Réglez le volume

J'ai beaucoup à faire, il y a tant de choses qui m'enthousiasment, tant de choses que je voudrais accomplir, qui me remplissent de joie. C'est fabuleux – de la joie et de l'excitation, qui n'en voudrait pas davantage ?

J'agis vite, je suis efficace, structurée et capable de jongler avec plusieurs balles à la fois. Ces bonnes qualités me rendent heureuse. J'ai beaucoup d'énergie et j'aime ce que je suis en train de faire. Bien. Je n'ai pas de problème pour mettre tout ça en route, ce ne sont que des qualités et j'en suis ravie et reconnaissante. Mais cela peut devenir excessif.

Les choses que nous faisons bien et avec facilité sont souvent les mêmes que celles que nous faisons trop, pour éviter des sentiments indésirables.

Je vais vous expliquer.

Même si ma joie et mon enthousiasme me font plaisir et que je suis fière et reconnaissante d'être aussi énergique et productive, j'ai quelque part réglé le volume trop fort – je suis tout simplement trop énergique, je continue pendant trop longtemps. Notamment quand je ressens par exemple de l'irritation, de l'insécurité ou d'autres sentiments que je n'ai – consciemment ou inconsciemment – pas envie de gérer.

Lorsque vous avez mis le volume trop fort, il ne suffit pas de le baisser, sinon il serait tentant de vous suggérer simplement d'apprendre à ne rien faire lorsque vous êtes débordé ou que vous faites trop de choses à la fois. Et si vous en faites trop peu, vous devriez apprendre à en faire un peu plus. Cela vous pousserait à agir à l'encontre de votre nature.

Il s'agit juste de régler légèrement le bouton de volume et de trouver l'équilibre adapté à sa nature, à sa réserve d'énergie et à ses propres forces, tout en gérant ses sentiments indésirables.

Votre rythme naturel

Certaines personnes sont si rapides qu'elles ont du mal à suivre leurs propres pensées, mots ou actions. Elles se surstimulent elles-mêmes : trop de travail, de projets, d'activités. D'autres personnes sont trop lentes, trop hésitantes et ont besoin de prendre de l'élan, de sortir de leur cachette et de se mettre en route.

Êtes-vous trop rapide, vous mettez-vous sous pression ?

Ou êtes-vous trop lent et hésitant quand il s'agit de choses qui vous plaisent et qui vous font du bien ?

Observez votre rythme lorsque vous marchez, travaillez, vous détendez, vous reposez, mangez, parlez, roulez en voiture, prenez un bain ou jouez avec les enfants.

Efforcez-vous de trouver votre rythme naturel. Écoutez votre rythme intérieur et avancez consciemment à une vitesse qui vous donne l'impression d'être fort et équilibré.

Embrassez le sol avec vos pieds

Imaginez-vous en train d'embrasser le sol avec vos pieds. Déplacez-vous comme l'homme le plus heureux sur terre. Imaginez que vous posez une trace, une empreinte sur le sol lorsque vous bougez. Est-ce une trace faite de peur, de soucis, d'irritation, d'insatisfaction et de colère ? Ou alors laissez-vous derrière vous une empreinte faite de paix, d'amour, de respect et d'empathie ?

CE QUI VOUS TIENT À CŒUR

En tant que personne hypersensible, vous avez une prédisposition exceptionnelle à la profondeur, à vous concentrer, tout comme une volonté féroce pour mener à bout ce qui vous passionne — à condition que vous fassiez attention à votre sensibilité et que vous ayez appris à vous protéger de la surstimulation.

Qu'est-ce qui vous passionne ? Qu'est-ce qui vous rend heureux ?
Que voulez-vous faire davantage ? Pourquoi aimez-vous faire cela et à qui cela ferait-il plaisir que vous le fassiez ? Qu'est-ce qui pourrait vous en empêcher ? Pourquoi est-ce un obstacle ?

« Nous avons rendez-vous
avec la vie.
Ce rendez-vous a lieu
ici et maintenant. »

Thich Nhat Hanh

LE PRÉSENT COMME PROTECTION

La meilleure protection contre la surstimulation est la capacité de vivre le moment présent, sans juger ni évaluer : être présent, avec tolérance et patience face aux situations.

Il ne s'agit pas de vous isoler ou d'éviter ce qui pourrait vous surstimuler, mais bien plutôt de développer la capacité et l'acceptation de vivre les situations telles qu'elles sont.

En vous entraînant avec bienveillance, vous pouvez rester dans le présent, indépendamment de l'endroit où vous vous trouvez et de ce qui se passe autour de vous – que ce soit dans les aéroports, dans les embouteillages, sur l'autoroute, au supermarché ou pendant les fêtes familiales.

Ce qui compte, c'est ce sur quoi vous focalisez vos pensées. Si vous n'acceptez pas les situations, si vous vous énervez et que vous souhaitez changer les circonstances, vous perdez ce présent et vous vous exposez à la surstimulation.

Si vous réussissez à être présent
dans le maintenant, vous vous sentirez
chez vous, où que vous soyez. Si vous ne
vous sentez pas bien dans le présent,
vous vous sentirez indisposé,
où que vous soyez.

La pleine conscience

La pleine conscience est un chemin simple et efficace pour atteindre cet état de présence et pour apaiser les pensées et les émotions. C'est un chemin très simple et pourtant difficile, car notre esprit éloigne notre attention en permanence du présent en la poussant vers des pensées et des sentiments orientés vers le passé ou le futur.

La pleine conscience vous mène à reconnaître ce qui vous stresse et vous irrite. Elle vous donne la capacité de vous arrêter un instant, de trouver l'harmonie, l'équilibre et la paix intérieure.

L'essence de la pleine conscience
consiste à porter
toute son attention
sur le présent.

Portez votre attention sur ce qui se passe précisément en ce moment à l'intérieur et autour de vous – sans juger et sans essayer de vivre ou de changer quelque chose. Contentez-vous d'enregistrer ce qui est là, en l'état – avec patience, acceptation et gentillesse.

Nous sommes habitués à contrôler les choses et à faire en sorte que tout se déroule selon nos attentes. Nous sommes habitués à interpréter par automatisme les choses que nous voyons et vivons. La pleine conscience nous enseigne à nous recentrer sur les faits et à voir les situations comme elles sont, sans réagir par automatisme ou par habitude.

En faisant quotidiennement des exercices simples de pleine conscience, vous ne laissez plus les pensées et les émotions diriger votre vie. Vous vous entraînez avec élégance et souplesse à concentrer toute votre attention sur le présent, sur votre respiration, sur votre propre présence, peu importe la situation dans laquelle vous vous trouvez.

La pleine conscience n'est pas qu'une pratique, c'est une posture, une manière de vivre et de se comporter par rapport aux événements du quotidien. Mais il est nécessaire de s'exercer au quotidien pour intégrer et appliquer la méthode lorsqu'on perd l'équilibre et la notion du présent.

Apprenez à connaître vos pensées

Ce sont souvent les pensées qui entravent le présent. *Vos pensées ne sont que des pensées. Elles ne sont pas la réalité. Les pensées sont votre interprétation de la réalité.* Mais elles ont une influence importante sur vos émotions, vos réactions et votre comportement.

Les pensées nous traversent l'esprit en permanence, sans que nous en ayons réellement conscience. C'est un soliloque constant qui se déroule dans la tête de la plupart des gens. Des pensées tournant autour de projets, de soucis, de fantaisies et de rêves éveillés, souvent dans le jugement, la critique et la condamnation. Apprenez à prendre conscience du moment où vous plongez dans ces réflexions paralysantes. Arrêtez-vous et ne vous laissez pas emporter. Retournez à la perception du présent et à un état de présence dans le maintenant.

Juste maintenant,
en ce moment.

Grâce à la pleine conscience,
vous pouvez retrouver dans votre âme
une joie naturelle profonde
et la sensation de liberté
et de paix.

Il est difficile de lâcher une chose sans la remplacer par une autre. Rendez-vous compte que vos pensées s'égarent, faites une pause, lâchez et concentrez toute votre attention sur votre respiration.

Laissez votre respiration devenir l'ancre vers laquelle votre attention revient. La respiration, vous l'avez toujours avec vous, elle est à portée de main. Ne soyez pas trop critique envers vous-même et évitez de vous faire des reproches lorsque vous replongez dans vos pensées : cela vous arrivera régulièrement, c'est tout à fait naturel et inévitable. Les pensées fonctionnent ainsi. Faites simplement une pause, lâchez et concentrez-vous sur vos inspirations et vos expirations.

Les pratiques de base de la pleine conscience

Faites cet exercice simple, le matin au réveil et dans la journée, toujours dans ces petits moments où vous souhaitez retourner dans le présent. Pratiquez-le également lorsque vous passez d'une activité à une autre. Faites une pause et accordez toute votre attention à l'exercice. Ce dernier est tout simple et ne dure que quelques instants.

Dites-vous :
Juste maintenant, en ce jour, à cet endroit,
en ce moment, juste maintenant.

Inspirez et expirez.

Répétez cette phrase plusieurs fois. Portez votre attention sur votre respiration. Inspirez et expirez. Vous n'avez pas besoin de modifier votre respiration, enregistrez-la simplement telle qu'elle est. Veillez à ce qu'elle se calme et reprenne son rythme naturel pendant que vous vous concentrez sur le processus d'inspiration et d'expiration.

Votre état protecteur

Vous pouvez vous protéger de la surstimulation en prenant conscience de votre état. Dans un exercice précédent, vous avez étudié comment la surstimulation et le stress influencent votre corps, vos pensées, vos émotions et votre comportement. Il s'agit maintenant de savoir comment changer consciemment votre état pour vous protéger.

J'ai lu récemment une bande dessinée dans laquelle Charlie Brown se tenait debout, la tête vers le bas et les bras ballants. Il disait à Lucy : *C'est ma posture quand je suis abattu. Lorsqu'on est morose, la position est très importante. Le mieux qu'on puisse faire c'est de se redresser et de relever la tête. On va tout de suite mieux. Si on veut éprouver un quelconque plaisir à être accablé, on doit avoir la tête baissée et les bras ballants.*

Oui, il peut être difficile de garder sa mauvaise humeur quand on se redresse, qu'on sourit, qu'on bouge les bras et qu'on se promène à vive allure dans la forêt.

Dès que vous changez quelque chose à votre corps, à vos pensées ou à votre comportement, cela influe sur votre état soit de manière positive, soit de manière négative.

Vous êtes-vous déjà demandé si vous souriez parce que vous étiez heureux ou si vous étiez heureux parce que vous souriez ? Des études montrent que le mouvement des muscles pendant le sourire envoie des signaux à la partie du cerveau qui produit l'endorphine – autrement dit l'hormone du bonheur. Il est clair que le sourire exerce une influence positive sur l'humeur et l'état général. *Souris au monde et le monde te sourira.* Ce n'est pas totalement faux.

Même si nous essayons souvent de nous protéger en nous rapetissant et en adoptant une posture fermée, il ne s'agit pas d'une vraie protection, au contraire. La meilleure protection est de ne pas montrer sa vulnérabilité, de se redresser, de se détendre, de lever la tête, d'établir un contact visuel et de sourire.

PRÉVENIR LA SURSTIMULATION

Trucs et astuces

Pour votre bien-être, votre qualité de vie, votre joie et votre énergie, il est important que vous soyez capable d'être clément envers votre sensibilité et que vous sachiez comment prévenir la surstimulation au quotidien.

Ce que vous pouvez faire

- Focalisez-vous sur les points positifs de votre caractère sensible.
- Tirez le meilleur de vous-même, laissez libre cours à votre potentiel.
- Faites quelque chose de bien pour vous, quelque chose qui calme votre système nerveux.
- Décidez d'être content de la personne que vous êtes.
- Soyez honnête et montrez qui vous êtes.
- Apprenez à connaître vos limites.
- Ne réfléchissez pas à ce que peuvent dire ou penser les autres.
- Donnez votre avis – sans attendre que tout le monde vous comprenne.
- Entourez-vous de personnes qui font ressortir le meilleur de vous-même.
- Tirez au clair ce que vous pouvez faire et ce que vous voulez faire.

- Prenez des décisions pour ou contre, en pleine conscience.
- Soyez dans le présent.
- Pratiquez la pleine conscience.
- Focalisez-vous sur votre respiration.
- Utilisez votre état protecteur.
- Profitez de visualisations / de rêves éveillés positifs.
- Ne vous mettez pas en retard.
- Préparez-vous.
- Faites des pauses et reposez-vous.
- Utilisez des bouchons d'oreilles, par exemple lors de concerts bruyants.
- Portez des lunettes de soleil.

Votre stratégie préventive

Décrivez comment vous pouvez prévenir la surstimulation. Quelles stratégies fonctionnent pour vous ? Prenez comme point de départ des situations concrètes, dont vous savez qu'elles peuvent vous irriter. Retournez régulièrement à l'exercice et mettez au point votre stratégie.

GÉRER LA SURSTIMULATION

Trucs et astuces

Même si vous vous efforcez constamment de prévenir la surstimulation, vous ne pourrez probablement pas l'éviter. Voici quelques propositions de stratégies à suivre lorsque vous êtes surstimulé.

Ce que vous pouvez faire

- Prenez la responsabilité de calmer votre système nerveux, ici et maintenant.
- Fermez les yeux.
- Bougez.
- Quittez votre situation présente.
- Sortez – laissez la lumière et la nature vous calmer.
- Allez aux toilettes, asseyez-vous sur le couvercle et retrouvez votre équilibre.
- Arrêtez de réfléchir à ce que peuvent penser ou dire les autres.
- Fixez des limites saines.
- Soyez conscient de pourquoi ou de contre quoi vous vous décidez.
- Demandez un temps de réflexion.
- Utilisez votre mantra, votre prière, votre affirmation.
- Soyez dans le présent, ici et maintenant.
- Pratiquez la pleine conscience.

- Focalisez-vous sur votre respiration.
- Utilisez votre état protecteur.
- Laissez s'envoler vos émotions et vos pensées négatives.
- Si vous ne pouvez ou ne voulez pas changer la situation, acceptez-la.
- Soyez indulgent envers vous-même.
- Considérez la situation avec acceptation, patience et gentillesse.
- Voyez si vous pouvez tirer une quelconque leçon de la situation.

Votre stratégie en cas de surstimulation

Décrivez comment vous arrivez à gérer au mieux la surstimulation. Quelles stratégies fonctionnent pour vous ? Prenez comme point de départ éventuel quelques situations concrètes qui ont, par le passé, déclenché votre irritation. Revenez régulièrement à l'exercice et mettez au point votre stratégie.

LA SURSTIMULATION QUE VOUS NE POUVEZ OU NE VOULEZ PAS ÉVITER

Il existe sans doute des situations dans votre quotidien qui peuvent être irritantes, mais que vous ne pouvez ni ne voulez éviter – par exemple dans le cadre d'une vie de famille agitée ou dans votre travail.

Il s'agit de prévenir, d'anticiper et de clarifier ce que vous pouvez et voulez faire.

Ménagez-vous des pauses pendant lesquelles vous pouvez être seul et vous reposer. Les personnes hypersensibles n'ont pas toutes assez d'énergie pour papoter pendant leur moment de relâche. Vous avez peut-être besoin d'une pause pendant laquelle vous ne gérez ni les stimuli ni votre comportement vis-à-vis des autres. Peut-être avez-vous envie de vous promener. Laissez de côté ce que peuvent penser les autres, ne les écoutez pas lorsqu'ils disent que vous n'êtes pas sociable.

Faites en sorte de satisfaire vos besoins spécifiques, il en relève de votre responsabilité. Faites-le à votre manière.

Gardez à l'esprit que quatre personnes sur cinq ne vous comprendront sans doute pas. Certaines personnes ont tendance à commenter de façon négative ou acérée ce qu'elles ne connaissent pas ou ce dans quoi elles ne se retrouvent pas. Ignorez-les avec compréhension, gentillesse et patience et faites les pauses dont vous avez besoin. Réjouissez-vous de fonctionner ainsi au mieux de votre forme.

Lorsque vous rentrez du travail, vous êtes probablement fatigué. Faites une pause, pratiquez la pleine conscience, au lieu d'enchaîner tout de suite. Donnez-vous le temps de vous détendre et d'atterrir. Retirez-vous, allongez-vous, reposez-vous – un quart d'heure suffit, si vous le faites en prévention. On fait souvent une pause seulement quand on est complètement épuisé, et dans ce cas on peut avoir l'impression que ce n'est pas suffisant. Si vous n'avez pas la possibilité de vous isoler en rentrant chez vous, par exemple à cause des enfants, faites alors en sorte de vous détendre un peu sur le chemin du retour. Arrêtez la voiture, fermez les yeux, éteignez la radio et marchez un peu, asseyez-vous sur un banc, fermez les yeux dans le bus, pratiquez la pleine conscience en focalisant votre attention sur la respiration.

Fermez les yeux
et reposez-vous.

Il s'agit de calmer votre système nerveux et d'emmener votre âme en chemin. Ne le faites pas uniquement quand vous êtes complètement épuisé et que *tout est trop pour vous* – faites-en une habitude quotidienne. Autorisez-vous à le faire – vous pouvez attendre de votre famille qu'elle respecte ce besoin. Vos proches remarqueront vite que vous êtes beaucoup plus efficace et plus affectueux quand vous n'êtes pas épuisé.

VOTRE STRATÉGIE

Décrivez une ou plusieurs situations qui vous épuisent, mais que vous ne pouvez ou ne voulez pas éviter.

Analysez ce qui vous irrite et vous épuise.

Décrivez la manière dont vous pouvez prévenir cette situation et ce que vous pouvez faire pour la maîtriser.

Comment voulez-vous faire ? Quand ? Qu'est-ce que cela vous apportera ?

Cela apportera-t-il quelque chose aux autres ? À qui ?

L'ACCEPTATION

Lorsque j'écris mes livres, j'ai une capacité considérable à me plonger dans le travail, à me concentrer et à m'isoler de tout ce qui m'entoure. Je suis happée par l'écriture, et l'inspiration m'emporte à un tel point que je m'oublie et que je travaille bien au-delà de mes limites jusqu'à l'épuisement.

Avant, je me reprochais mon incapacité à m'écouter, à me reposer, à faire des pauses et à m'arrêter à temps pour préserver mon énergie.

À juste titre

Après avoir pris conscience de mon hypersensibilité, j'ai compris que mes capacités de concentration et d'immersion dans le travail étaient des qualités précieuses. Je le vis de manière très intéressante, car ce sont justement ces qualités qui me permettent d'écrire mes livres, alors que j'ai plein d'autres choses à faire. J'ai également pris conscience que j'écris mieux lorsque je suis plongée pendant plusieurs heures d'affilée dans un flux d'approfondissement jusqu'à l'épuisement. C'est un fait que j'ai accepté et que je n'essaie plus de changer.

Lorsque je veux écrire, je me prépare. Je sais que je ne prendrai pas le temps de me faire à manger pendant la journée, j'achète donc ma nourriture préférée en avance – des aliments sains et nutritifs qui me donnent de la bonne énergie. Lorsque je mange, je fais une pause, mais je ne veux pas manger avec d'autres gens, je ne veux parler à personne. Je veux rester seule avec mes pensées. Lorsque j'ai passé une journée entière à écrire, je prends en compte mon besoin de détente. Je dois me reposer pour retrouver mon équilibre. Je n'ai pas de rendez-vous et ne réponds à aucune attente – ni les attentes des autres, ni les miennes – avant d'être prête.

En clair, je réapparais uniquement lorsque mon corps et mon esprit se sont retrouvés.
Je fais quelque chose qui me fait du bien : je me repose, je fais une promenade, je vais à la mer, je me baigne. Le soir je suis fatiguée et me couche de bonne heure. Le lendemain, je suis fraîche et disposée à continuer.

Paradoxalement, lorsque j'ai accepté le fait de m'épuiser moi-même et que j'ai consciemment mis en place une stratégie, je me sens moins épuisée.

Par ailleurs, je me suis améliorée dans la pratique des pauses quotidiennes : je m'assieds sur une chaise confortable, ferme les yeux et me repose.
Ce n'est pas ma manière habituelle de travailler. J'ai décidé de l'accepter, parce que cela n'arrive que sur un temps limité, sur de courtes périodes d'une semaine maximum. Je ne peux pas recommander une telle pratique de travail à long terme.

Accepter les choses telles qu'elles sont

Lorsque vous vous retrouvez dans une situation qui vous surstimule, posez-vous la question : *Est-ce que je peux ou je veux faire quelque chose ?*
Si la réponse est oui, décidez de ce que vous voulez faire et à quel moment. Si la réponse est non, alors dites-vous :

Les choses sont
telles qu'elles sont.

Et faites la paix avec ce que vous ne pouvez ou ne voulez de toutes les façons pas changer.

QUE VOULEZ-VOUS CHANGER ?

Nous arrivons à la fin de notre propos. Fort de vos découvertes après la lecture de cet ouvrage, il est temps pour vous de faire le point sur l'avenir.

1. Qu'aimeriez-vous faire davantage ?

2. Qu'aimeriez-vous faire moins ?

3. Par quoi aimeriez-vous commencer ?

4. Qu'aimeriez-vous arrêter ?

Conclusion

J'ai écrit ce livre dans l'espoir de vous inspirer, de vous aider à mieux vous comprendre et à vous accepter tel que vous êtes. Je voulais vous inciter à bien vous occuper de votre hypersensibilité et vous transmettre la compréhension, l'inspiration, le courage et la motivation pour faire ce qui donne un sens à votre vie, autant pour votre bonheur que pour celui des autres.

Pour terminer, je voudrais citer une auteure qui, depuis des années, a une grande importance pour moi.

La citation est issue du livre intitulé *Paroles de vie* d'Eileen Caddy[1].

Je vous souhaite beaucoup de chance sur votre chemin.

Bien à vous,

Susanne Moeberg

1. Caddy, Eileen, *Paroles de vie*, La Providence, 2012.

Remplissez votre cœur et votre esprit de paix, d'amour, de sérénité et de calme. Faites-le chaque soir au coucher et chaque matin au réveil. Lorsque vous aurez appris ce rituel, vous adopterez ce merveilleux état au quotidien. Pour réellement maîtriser une chose, vous devez vous y entraîner. Soyez prêt à vous entraîner, et entraînez-vous à vivre une vie pleine de paix et de noblesse, jusqu'à ce que vous réussissiez et que cela fasse partie intégrante de vous. Commencez dès maintenant.

Dans la même collection aux Éditions Jouvence

Et si j'étais plus
La véritable quête de soi

Elina Vorger

« Je sais votre inspiration secrète. Celle dont vous n'avez jamais parlé et qui pourtant ne vous quitte pas : Et si j'étais plus ? »
Au-delà de vos masques, cet ouvrage d'une rare puissance, vous invite à vous poser la seule question qui compte véritablement : qui suis-je ?

272 p. • 9,90 €

Au diable la culpabilité !
Retrouvez votre liberté intérieure

Yves-Alexandre Thalmann

En affirmant que la culpabilité et la toute-puissance sont deux aspects d'une même réalité, l'auteur apporte un éclairage audacieux et original sur nos motivations les plus inconscientes, en même temps qu'il propose des moyens concrets et accessibles pour travailler sur la culpabilité et la dépasser.

256 p. • 9,90 €

Être en pleine conscience
Une présence à la vie

Osho

Suivez l'auteur qui, avec humour, à l'aide d'un langage vivant et parfois un brin provocateur, vous ouvrira de nouveaux horizons pour vivre la vie, votre vie, différemment : en pleine conscience.

288 p. • 9,90 €

Les Quatre Accords toltèques
La voie de la liberté personnelle

Don Miguel Ruiz

Les Quatre Accords proposent un puissant code de conduite capable de transformer rapidement notre vie en une expérience de liberté, de vrai bonheur et d'amour. Le monde fascinant de la Connaissance véritable et incarnée est enfin à la portée de chacun.

144 p. • 8,90 €

La Voix de la connaissance
Un guide pratique vers la paix intérieure

Don Miguel Ruiz
en collaboration avec Janet Mills

Don Miguel Ruiz nous rappelle une vérité profonde : le seul moyen de mettre un terme à notre souffrance émotionnelle et de recouvrer notre bonheur inné, c'est de cesser de croire aux mensonges. Ce livre, qui repose sur l'antique sagesse toltèque, nous invite à renouer avec notre foi en la vérité, l'amour et la joie.

208 p. • 8,90 €

Le 5e accord toltèque
La voie de la maîtrise de soi

Don Miguel Ruiz et don Rosé Ruiz
en collaboration avec Janet Mills

Le succès des Quatre Accords toltèques ne fait que grandir. Il est temps maintenant de vous faire un autre cadeau : le Cinquième Accord toltèque. Avec ce dernier accord, il s'agit de vous offrir le pouvoir du doute afin de voir toute votre réalité avec les yeux de la vérité, sans mots. Vous cheminerez alors vers l'acceptation complète de vous-même, tel que vous êtes, et l'acceptation totale des autres, tels qu'ils sont.

208 p. • 8,90 €

Dépôt légal : juin 2021
Achevé d'imprimer en septembre 2021
Imprimé en France par Laballery
N° d'impression : 108635